New Intermediate Chinese Listening Course

新中级汉语听力

下 册

（生词和练习）

刘颂浩　宋海燕　马秀丽　编著

北京大学出版社

北　京

图书在版编目(CIP)数据

新中级汉语听力（下册）/刘颂浩,宋海燕,马秀丽 编著. —北京：北京大学出版社，2005.4

（北大版新一代对外汉语教材·听力教程系列）

ISBN 978-7-301-08429-8

Ⅰ.新…　Ⅱ.①刘…　②宋…　③马…　Ⅲ.汉语–听说教学–对外汉语教学–教材　Ⅳ.H195.4

中国版本图书馆 CIP 数据核字(2005)第 008749 号

书　　　名：新中级汉语听力（下册）
著作责任者：刘颂浩　宋海燕　马秀丽　编著
责 任 编 辑：沈　岚
标 准 书 号：ISBN 978-7-301-08429-8/H·1379
出 版 发 行：北京大学出版社
地　　　址：北京市海淀区成府路 205 号　100871
网　　　址：http://www.pup.cn
电　　　话：邮购部 62752015　发行部 62750672　编辑部 62752028　出版部 62754962
电 子 邮 箱：zpup@pup.pku.edu.cn
印　　刷　者：北京大学印刷厂
经　销　者：新华书店
　　　　　　787 毫米×1092 毫米　16 开本　18.25 印张　340 千字
　　　　　　2005 年 4 月第 1 版　2008 年 6 月第 2 次印刷
定　　　价：50.00 元（下册全二册,含 1 张 MP3）

目　录

第一单元 士别三日

题解：士，读书人；别，分别。"士别三日"是说喜欢读书的人进步很快，即使是分别短短的几天时间，人们已经不能用以前的眼光来看他了。

课文一

您还是老眼光

词 语

1. 记得(动，乙)	jìde	remember
2. 学期(名，乙)	xuéqī	school term, semester
3. 假期(名，丙)	jiàqī	vacation, holiday
4. 感觉(名，乙)	gǎnjué	perception, sensation
5. 棒(形，丙)	bàng	excellent
6. 斜风细雨(超)	xiéfēng-xìyǔ	gentle wind and light rain
7. 悠闲(形，超)	yōuxián	leisurely and carefree
8. 眼光(名，丙)	yǎnguāng	eye, sight
9. 飞快(形，丙)	fēikuài	very fast
10. 其实(副，丙)	qíshí	as a matter of fact, actually

11. 始终(副,乙)　　　shǐzhōng　　　all along
12. 靠(动,乙)　　　　　kào　　　　　　depend on, rely on
13. 肯(助动,乙)　　　　kěn　　　　　　be willing to, be ready to
14. 冤枉(动,丙)　　　　yuānwang　　　be treated unfairly

句 子

1. 上个学期的事情,我当然还记得。
2. 假期过得飞快,但总的来说,感觉棒极了。
3. 我喜欢在斜风细雨中悠闲地散步。
4. 不能总是用老眼光看人。
5. 其实我不是没时间,而是不想去。
6. 只要老师肯帮忙,就一定能成功。
7. 一定要调查清楚再说,不要冤枉好人。

练 习

第一题:听第一遍录音后回答:他们没有谈到什么?
　　1. 去云南的旅行。
　　2. 学汉语的方法。
　　3. 上课时的情况。
　　4. 新学期的打算。

第二题:听第二遍,回答问题。
　　1. A 大理。　　　　　　　B 西双版纳。
　　　　C 丽江。　　　　　　　D 昆明。
　　2. A 一个假期。　　　　　B 三个星期。
　　　　C 两个月。　　　　　　D 一年。
　　3. A 上课努力听讲。　　　B 经常出去旅行。
　　　　C 用的课本很好。　　　D 说的机会很多。

4. A 汉语水平还很低。　　　B 不爱一个人旅行。
　　C 不爱听老师讲课。　　　D 喜欢在雨中散步。

5. A 下雨不算好天气。　　　B 学汉语应该多说。
　　C 女的汉语水平不高。　　D 学生不喜欢学汉语。

第三题：跟读下面的句子。

1.

2.

3.

4.

5.

6.

7.

8.

9.

第四题：听录音，记住其中的问题，然后和你的同学做问答练
　　　　习。

1.

2.

3.

4.

5.

第五题：请听用较快速度朗读的课文录音。

课文二

真是想不到

词 语

1. 羽毛球(名,乙)	yǔmáoqiú	badminton, shuttlecock
2. 局(名、量,丙)	jú	game, set, innings
3. 呆(动,乙)	dāi	astonished
4. 落后(形,乙)	luòhòu	fall behind, lag behind
5. 连(副,乙)	lián	continuously, in succession
6. 追(动,乙)	zhuī	chase, pursue
7. 真是(丙)	zhēnshì	really, indeed
8. 装修(动,超)	zhuāngxiū	fit up
9. 怪不得(丙)	guàibude	no wonder
10. 对方(名,乙)	duìfāng	counterpart
11. 领先(动,丁)	lǐngxiān	be in the lead, lead (in competition)
12. 稳定(形,乙)	wěndìng	stable, steady
13. 状态(名,乙)	zhuàngtài	condition, state
14. 时好时坏(超)	shíhǎo-shíhuài	in-and-out
15. 教练(名,丙)	jiàoliàn	coach, instructor
16. 不得了(形,乙)	bù déliǎo	extremely
17. 本来(形,乙)	běnlái	it goes without saying, of course

18. 误解(动,丁)	wùjiě	misunderstand
19. 可惜(形,丙)	kěxī	unfortunately, it's a pity
20. 好奇(形,丙)	hàoqí	curious, inquisitive
21. 强烈(形,乙)	qiángliè	powerful, strong

句子

1. 昨天晚上跟一位羽毛球教练打了两局球,感觉棒极了。
2. 刚开始的时候他一直落后,后来连追10分,真是不得了。
3. 如果让对方领先太多,就不好追了。
4. 怪不得你的状态时好时坏,原来是这样!
5. 林春来的状态本来很稳定的,今天不知道怎么了。
6. 好奇心谁都有,我也一样。
7. 没有看到昨晚的比赛,太可惜了!

练习

第一题:听第一遍录音,回答:两个人谈论的主要话题是什么?
　　1. 羽毛球比赛的胜负。
　　2. 林春来状态的变化。
　　3. 最近忙着做的事情。
　　4. 最适合自己的职业。
　　5. 男的看问题的眼光。

第二题:听第二遍,判断正误。
　　关于林春来:　A 是一名足球运动员。
　　　　　　　　B 以前的水平很差。
　　　　　　　　C 比赛中状态一直很稳定。
　　　　　　　　D 昨晚第一局打得最棒。

关于男谈话人：E 是一名体育记者。

F 最近经常看电视。

G 正在装修房子。

H 对最近的比赛不熟悉。

第三题：跟读下面的句子。

1.

2.

3.

4.

5.

6.

7.

8.

第四题：听录音，记住其中的问题，然后和你的同学做问答练习。

1.

2.

3.

4.

5.

第五题：请听用较快速度朗读的课文录音。

 语言练习

第一题：听录音，选择正确答案。

1. A 自由。　　　　　　　B 兴奋。

C 难过。　　　　　　　D 骄傲。

2. A 运动员。　　　　　　B 球赛。

C 球队。　　　　　　　D 成绩。

3. A 老师。　　　　　　　B 医生。
　　C 病人。　　　　　　　D 护士。

4. A 游泳。　　　　　　　B 旅行。
　　C 打球。　　　　　　　D 画画儿。

5. A 一本小说。　　　　　B 高中生活。
　　C 妹妹的习惯。　　　　D 弟弟的爱好。

6. A 休息。　　　　　　　B 上课。
　　C 看小说。　　　　　　D 准备考试。

7. A 作家。　　　　　　　B 记者。
　　C 教师。　　　　　　　D 主持人。

8. A 教练。　　　　　　　B 学生。
　　C 记者。　　　　　　　D 运动员。

9. A 师生。　　　　　　　B 朋友。
　　C 父女。　　　　　　　D 母子。

10. A 最近很忙。　　　　　B 非常有钱。
　　 C 有一个弟弟。　　　　D 正在装修房子。

11. A 起床太晚了。　　　　B 走了冤枉路。
　　 C 遇上了堵车。　　　　D 没找到地方。

12. A 装修房子。　　　　　B 介绍朋友。
　　 C 买眼镜。　　　　　　D 买衣服。

第二题：两个人在谈自己对生活的看法，听录音后回答：

　　1. 你更赞成谁的态度？

　　2. 你自己想过一种什么样的生活？

课文三

士别三日

练习

听短文,回答下列问题。

1. "士别三日"这个成语是怎么来的?
2. 中国人对读书的看法是什么?你同意吗?

 词语小结

名词

学期,假期,感觉,眼光,羽毛球,局,对方,状态,教练。

动词

记得,靠,冤枉,呆,追,装修,领先,误解,肯。

形容词

棒,悠闲,飞快,落后,稳定,不得了,本来,可惜,好奇,强烈。

其他

副词:其实,始终,连。

词组

斜风细雨,怪不得,真是,时好时坏。

表达法

没搞错吧。 您还记得我吗? 感觉棒极了。 您还是老眼光。 别忘了。 进步飞快。 其实也没什么。 左耳朵进,右耳朵出。 听不懂。 看得我都呆了。 真是想不到。 怪不得呢! 那都是以前的事了。 真是不

得了！ 就什么都有了。 以前是以前,现在是现在。 真可惜！ 没什么水
平。 不过如此。 跟以前完全不一样！ 书中自有黄金屋。 书中自有颜
如玉。 十年如一日。

第二单元　百思不解

题解：百思，多次思考，反复思考。"百思不解"是说反复思考仍然不能理解。

课文一

搞不明白

词　语

1. 要说(连，超)	yàoshuō	with regard to, about
2. 无论如何(丙)	wúlùn-rúhé	whatever happens
3. 感慨(名，丁)	gǎnkǎi	emotional excitement
4. 肯定(形，乙)	kěndìng	approve, definitely
5. 玫瑰(名，丁)	méigui	rose
6. 情人节(名，超)	Qíngrén Jié	Valentine's Day
7. 网(名，超)	wǎng	net, Internet
8. 无聊(形，丁)	wúliáo	Bored, silly, stupid
9. 瞒(动，丙)	mán	hide truth from, deceive
10. 胡说(动，丙)	húshuō	talk nonsense
11. 上网(超)	shàng wǎng	be on the internet

12. 闲(形,乙)	xián	idle
13. 养(动,乙)	yǎng	raise(animals), grow (plants)
14. 捉(动,乙)	zhuō	catch, seize
15. 老鼠(名,丁)	lǎoshǔ	mouse, rat
16. 咬(动,乙)	yǎo	bite, snap
17. 端(动,乙)	duān	carry, take
18. 津津有味(丁)	jīnjīn-yǒuwèi	with relish, with keen pleasure
19. 算了(乙)	suànle	let it be, let it pass

句子

1. 有些事情你无论如何都搞不明白。
2. 这些教练员的感慨也真是够多的!
3. 过一次情人节,送一次玫瑰花,真无聊!
4. 网上的很多文章都是胡说,无论如何不能相信。
5. 孩子特别喜欢看《猫和老鼠》,每一次都看得津津有味。
6. 我养猫可不是为了捉老鼠,是因为闲着没事。
7. 算了算了,别比如了,我不想听了。

练习

第一题:听第一遍录音后,确定两人谈论的主题是什么。
 1. 什么东西最流行。
 2. 情人节该怎么过。
 3. 什么事让人奇怪。
 4. 应该不应该上网。
 5. 猫为什么不吃老鼠。

第二题：听第二遍，回答问题。

1. A 现在在中国很流行。　　　B 美国中学生很喜欢。
   C 是为失败者准备的。　　　D 过起来很没有意思。

2. A 美国中学生不喜欢巧克力。　B 男的认为很多事很奇怪。
   C 田先生的猫不会捉老鼠。　　D 谈话发生在情人节这天。

3. A 全是胡说。　　　　　　　B 非常精彩。
   C 不值得相信。　　　　　　D 应该经常看。

4. A 越来越有兴趣。　　　　　B 希望听到更多。
   C 觉得非常奇怪。　　　　　D 不让男的再说了。

第三题：跟读下面的句子。

1.
2.
3.
4.
5.
6.
7.

第四题：听录音，记住其中的问题，然后和你的同学做问答练习。

1.
2.
3.
4.

第五题：请听用较快速度朗读的课文录音。

课文二

你越说我越头疼

词 语

1. 初步 (形,乙)	chūbù	initial, preliminary
2. 揭 (动,丙)	jiē	uncover, disclose
3. 记忆 (名,乙)	jìyì	memory
4. 秘密 (名,乙)	mìmì	secret
5. 大脑 (名,丙)	dànǎo	brain
6. 区域 (名,丙)	qūyù	region, zone
7. 专门 (形,乙)	zhuānmén	specially, specialized
8. 储存 (动,丁)	chǔcún	stockpile, store
9. 恢复 (动,乙)	huīfù	recover, regain, restore
10. 有效 (形,乙)	yǒuxiào	effective, valid
11. 药物 (名,丙)	yàowù	medicines, drugs
12. 开发 (动,丙)	kāifā	develop, exploit (natural resources)
13. 治疗 (动,丙)	zhìliáo	treat, cure
14. 疾病 (名,丙)	jíbìng	disease, sickness
15. 导演 (名、动,丙)	dǎoyǎn	director
16. 墨镜 (名,超)	mòjìng	sunglasses
17. 神秘 (形,丙)	shénmì	mysterious, mystical
18. 曾经 (副,乙)	céngjīng	once, ever

句 子

1. 科学家初步揭开了记忆的秘密。

2. 人的大脑中有一块区域,专门负责储存和恢复记忆。

3. 特别有效的药物现在还没有开发出来。

4. 治疗和大脑有关的疾病非常困难。

5. 我们公司正在组织人力,开发相关的新产品。

6. 这位导演特别神秘,总喜欢带着墨镜。

练习

第一题：听第一遍录音后,回答:女的"头疼"的原因是什么?

　　1. 头部得了一种疾病。

　　2. 没有买到有效的药物。

　　3. 听了不感兴趣的事情。

　　4. 大脑里记的东西太多。

第二题：听第二遍,判断正误。

　　关于科学家：A 很早就揭开了记忆的秘密。

　　　　　　　　B 开发出了一种能治疗和记忆有关的大脑疾病的药物。

　　关于女的：　C 得了一种大脑疾病。

　　　　　　　　D 现在所有的东西都记不住了。

　　　　　　　　E 觉得科学家的研究没意思。

　　关于《2046》：F 是一部电视剧的名字。

　　　　　　　　G 很受观众的欢迎。

　　　　　　　　H 它的导演总带着墨镜。

第三题：跟读下面的句子。

　　1.

　　2.

　　3.

　　4.

　　5.

6.

第四题：听录音,然后说出你是否同意录音的内容。

1.

2.

3.

4.

5.

6.

第五题：听录音,记住其中的问题,然后和你的同学做问答练
习。

1.

2.

3.

4.

5.

第六题：请听用较快速度朗读的课文录音。

 语言练习

第一题：听录音,选择正确答案。

1. A 讽刺。 　　　　　　　B 讨厌。
   C 称赞。 　　　　　　　D 批评。

2. A 非常高兴。 　　　　　B 十分激动。
   C 有点伤心。 　　　　　D 比较平静。

3. A 上网。 　　　　　　　B 聊天。
   C 做作业。 　　　　　　D 看电影。

4. A 很少说话。 　　　　　B 不喜欢笑。
   C 不爱交往。 　　　　　D 有很多秘密。

5. A 锻炼身体。 　　　　　B 适当休息。

    C 赶快吃药。   D 加强营养。

6. A 音乐。   B 电影。
    C 食品。   D 上网。

7. A 特别相信。   B 觉得无聊。
    C 有所怀疑。   D 完全不信。

8. A 文章写作。   B 旅行计划。
    C 产品开发。   D 假期打算。

9. A 年龄。   B 兴趣。
    C 理想。   D 年级。

10. A 时间。   B 地点。
    C 原因。   D 死亡人数。

11. A 是名牌。   B 很便宜。
    C 很好看。   D 很方便。

12. A 不太相信。   B 很有兴趣。
    C 非常担心。   D 觉得无聊。

第二题：两个人在谈论自己喜欢过的节日，听后请回答问题。

    1. 你觉得谁谈得比较好？

    2. 你喜欢过什么节日？请向你的同桌介绍一下。

课文三

百思不解

练习

听课文，简单回答问题。

    1. 作曲家和普通人是怎么理解"创作乐曲"这个问题的？

    2. "现代社会的无奈"指的是什么？

    3. 面对越来越多的百思不解，现代人想出的办法是什么？

词语小结

名词

感慨,玫瑰,情人节,网,老鼠,记忆,秘密,大脑,区域,药物,疾病,导演,墨镜。

动词

瞒,胡说,养,捉,咬,端,揭,储存,恢复,开发,治疗。

形容词

肯定,无聊,闲,初步,专门,有效,神秘。

其他

连词:要说。
副词:曾经。

词组

无论如何,上网,津津有味。

表达法

真是够奇怪的。 无论如何都搞不明白。 说说看。 这个可不好说。越来越流行。 为失败的人准备的。 最没有意思。 你说的对。 比如说。看都不看一眼。 多自然的事呀。 为什么就不这样呢? 再比如说。 算了算了。 别比如了。 你越说我越头疼。 其实很简单。 说点别的吧。这倒不错。 这还用问? 不用记就记住了。 对不少人来说。 这实际上也是一种误解。 问题就这么简单。 知其然,不知其所以然。

第三单元　理所应当

题解："理所应当"，按照道理应该是这样，也说成"理所当然"。

课文一

世界无烟日

词 语

1. 味道（名，乙）	wèidao	taste, flavor
2. 抽烟（超）	chōu yān	smoke (a cigarette)
3. 禁止（动，乙）	jìnzhǐ	prohibit, forbid
4. 场所（名，丁）	chǎngsuǒ	location, place
5. 人家（代，丙）	rénjia	other people
6. 天真（形，乙）	tiānzhēn	childish, naive
7. 凭（动，丙）	píng	rely on, depend on
8. 自愿（动、连，丙）	zìyuàn	voluntary
9. 再说（连，丙）	zàishuō	furthermore, besides
10. 明明（副，丙）	míngmíng	obviously, plainly
11. 不必（动，丙）	búbì	need not, does not have to

12. 大惊小怪（超）	dàjīng-xiǎoguài	make a fuss about
13. 烟民（名，超）	yānmín	smoker
14. 到底（副，乙）	dàodǐ	at last, in the end
15. 烟草（名，丁）	yāncǎo	tobacco
16. 争（动，乙）	zhēng	argue, debate
17. 餐（动、名，丁）	cān	meal, take a meal
18. 饮（动、名，丁）	yǐn	drink, drinks
19. 全面（形，乙）	quánmiàn	all-sided
20. 挪威（名）	Nuówēi	Norway
21. 没错儿（乙）	méicuòr	you're quite right
22. 爱尔兰（名）	Ài'ěrlán	Ireland

句 子

1. 我觉得烟草的味道特别讨厌。
2. 明明是人家的东西，为什么不还给人家？
3. 这个活动是我们自己组织的，参加不参加全凭自愿。
4. 应该在所有的餐饮场所全面禁止抽烟。
5. 你说得没错儿，她特别天真。
6. 你送我两朵玫瑰吧，巧克力就不必了。

练 习

第一题：听第一遍录音，回答：他们主要在谈论什么？

1. 餐厅的味道。
2. 禁烟的法律。
3. 该不该抽烟。
4. 去哪里吃饭。

第二题：听第二遍，回答问题。

    1. 女的认为餐厅味道差的原因是什么？

    2. 男的为什么说女的"天真"？

    3. 男的是烟民吗？为什么？

    4. 对话发生时，世界上有几个国家禁止在餐厅吸烟？

    5. 你认为他们会到挪威去吃饭吗？

第三题：听录音，跟读句子。

    1.

    2.

    3.

    4.

    5.

    6.

    7.

第四题：谈谈你对下列观点的看法。

    1. "五一劳动节"明明是劳动节，可大家都放假；所以，"无烟日"抽烟，也是理所应当的，不必大惊小怪。

    2. 挪威是世界上第二个禁止在餐厅吸烟的国家，第一个国家是爱尔兰。这两个国家的人真幸福！

    3. 我不喜欢烟草的味道，但是别人想抽烟，那是人家的自由。

第五题：请听用较快速度朗读的课文录音。

课文二

爱的教育

词 语

1. 从不 (副,乙)	cóngbù	never
2. 谈论 (动,丙)	tánlùn	talk about, discuss
3. 话题 (名,丁)	huàtí	topic
4. 服装 (名,丁)	fúzhuāng	costume, garment
5. 要不 (连,丙)	yàobù	otherwise
6. 歌曲 (名,丙)	gēqǔ	song
7. 讽刺 (动,丙)	fēngcì	satirize, ridicule, mock
8. 正好 (形,乙)	zhènghǎo	as it happens
9. 描写 (动,乙)	miáoxiě	depict, describe
10. 飘 (动,乙)	piāo	flutter(in the air)
11. 蝴蝶 (名,丙)	húdié	butterfly
12. 想像 (动,乙)	xiǎngxiàng	imagine
13. 评语 (名,超)	píngyǔ	remark
14. 准确 (形,乙)	zhǔnquè	accurate, precise
15. 培养 (动,丙)	péiyǎng	cultivate, train
16. 诗人 (名,丙)	shīrén	poet
17. 实际 (形,乙)	shíjì	practical, realistic
18. 接受 (动,乙)	jiēshòu	accept
19. 狡猾 (形,丙)	jiǎohuá	crafty, foxy
20. 意大利 (名,超)	Yìdàlì	Italy

句子

1. 服装和流行歌曲是女大学生最喜欢谈论的话题。
2. 要不咱们写篇文章,讽刺讽刺他?
3. 中学语文教育的目的是培养学生的语言能力,包括写作能力。
4. 有人用"天上飘满了白蝴蝶"这句话来描写下雪。
5. 听说那位诗人从不接受别人的批评。
6. 她看起来很天真,实际上特别狡猾。
7. 这几位年轻的服装设计师都很有想像力。

练习

第一题:听第一遍录音,回答:他们的谈话中没有提到什么?

1. 舞蹈训练的方法。
2. 中学教育的目的。
3. 中学生写的作文。
4. 哥哥问的问题。

第二题:听第二遍,完成下列各题。

1. 因为季珊: A 电影知识不多。
             B 没钱买好衣服。
             C 不喜欢读书。
             D 不关心社会问题。

2. A 男谈话人。   B 女谈话人。
   C 一位作家。   D 婷婷的老师。

3. A 反对家长说的。   B 同意老师说的。
   C 认为都有道理。   D 没有明确表态。

4. A 要回答哥哥的问题。 B 她自己很感兴趣。
   C 想找机会和他聊天。 D 想打发无聊时间。

5. A 非常好奇。   B 肯定不错。
   C 比较悠闲。   D 不太高兴。

第三题：跟读下列句子。

    1.

    2.

    3.

    4.

    5.

    6.

    7.

    8.

第四题：谈谈你对下列观点或现象的看法。

    1. 我记得你以前从不谈论社会问题，每天的话题全都是服装和电影，要不就是流行歌曲。

    2. 学校就是对学生进行"爱的教育"的场所，要爱祖国，爱别人。

    3. 中学教育的目的不是培养诗人，解决实际问题的能力更重要；如果学生能把一件事情描写清楚，这就够了。

第五题：听录音，记住其中的问题，然后和你的同学做问答练习。

    1.

    2.

    3.

    4.

第六题：请听用较快速度朗读的课文录音。

语言练习

第一题：听录音,判断听到的内容和看到的内容是否一致。

1. 我是一个**烟民**,在**烟草**公司上班。
2. 我不喜欢到娱乐**场所**去,因为那里**禁止**抽烟。
3. 见到**诗人**不值得**大惊小怪**。
4. 应试教育主张把学生**培养**成**全面**发展的人。
5. 《蝶舞花园》是一本**描写**蝴蝶的书。
6. 我的同桌在作文中说长大了要去抢银行。
7. 今天比赛中队员的表现是我没有**想像**到的。
8. 他们很想把这部**讽刺**电影拍好。
9. 他是一个**诗人**。
10. **服装**设计师协会是一个业余组织。
11. 王红是一个很**天真**、什么都不懂的人。
12. 大家都同意应该在**餐饮场所**禁止抽烟。

第二题：三个人在讲他们最喜欢的诗句,听录音后回答：

1. 三句之中,你比较喜欢哪一句？
2. 你还知道其他的中国诗句吗？

课文三

两个问题

练 习

听录音,回答下列问题。

1. 说话人讲了哪两个方面的问题？说话人的意见分别是什么？
2. 听话人可能是谁？说话人和听话人可能是什么关系？

词语小结

名词

味道,场所,烟民,烟草,挪威,爱尔兰,话题,服装,歌曲,蝴蝶,评语,诗人,意大利。

动词

抽烟,禁止,凭,自愿,不必,争,餐,饮,谈论,讽刺,描写,飘,想像,培养,接受。

形容词

天真,全面,正好,准确,实际,狡猾。

其他

代词:人家。

连词:再说,要不。

副词:明明,到底。

词组

大惊小怪,没错儿,从不。

表达法

这儿怎么了? 真讨厌! 再说了。 不必大惊小怪。 你到底是什么意思。 没什么意思。 要不这样吧。 我想说的是。 真的吗? 我怎么不知道? 真是士别三日,当刮目相看! 事情是这样的。 这就够了。 该怎么说? 可以这样讲。 这毫无疑问是正确的。 我的想法是。 只是提一个建议。 很明显。

第四单元 一字之差

题解：一字，一个汉字；差，差别。"一字之差"是说表面上虽然只是一个字的差别，但实际上的差别却非常巨大。

课文一

黄金和黄土

词语

1.	彩票(名,超)	cǎipiào	lottery
2.	中(动,丙)	zhòng	get the winning number in a bond
3.	奖(动、名,乙)	jiǎng	prize, reward
4.	要不然(连,丙)	yàoburán	otherwise, or else, or
5.	搜(动,丁)	sōu	search
6.	反正(副,乙)	fǎnzhèng	anyway, in any case
7.	倒霉(丙)	dǎo méi	have bad luck, be out of luck
8.	排行榜(名,超)	páihángbǎng	ranking list
9.	排(动,乙)	pái	arrange, put in order
10.	之外(丙)	zhīwài	beyond
11.	坏处(名,乙)	huàichu	harm, disadvantage

12. 金融（丁）	jīnróng	finance, financial
13. 黄金（名，丁）	huángjīn	gold
14. 整天（名，丁）	zhěngtiān	the whole day, all day long
15. 打交道（丙）	dǎ jiāodao	come into contact with
16. 考古（丁）	kǎogǔ	archeology
17. 黄土（超）	huángtǔ	yellow earth
18. 天壤之别（超）	tiǎnrǎng-zhībié	be vastly different as between heaven and earth
19. 开心（形，丁）	kāixīn	feel happy
20. 浑身（名，丙）	húnshēn	from head to toe, all over
21. 影子（名，乙）	yǐngzi	shadow
22. 惨（形，丙）	cǎn	miserable, tragic
23. 净（副，丙）	jìng	merely

句子

1. 买了这么多次彩票，一次大奖也没中过，真倒霉！
2. 我没有那么多时间，要不然我肯定能做得更好。
3. 这个王经理，八小时之外的时间他也要管，真气人！
4. 到网上一搜才发现，流行歌曲的排行榜有很多。
5. 我学的是金融专业，整天跟银行打交道。
6. 黄金，黄土，一字之差，天壤之别！
7. 想想看吧，一屋子净是黄金，能不开心吗？
8. 浑身上下，全都湿了，真惨！

练习

第一题：听第一遍录音，回答：两人没有谈到什么？

1. 买彩票中奖的人。

2. 考大学时的分数。

3. 现在学的专业。

4. 大学专业的排名。

5. 网络的方便之处。

第二题：听第二遍，判断正误。

1. 关于杨白萍：A 买彩票中了大奖。

B 总觉得自己很倒霉。

C 是北大的一名学生。

D 学的是考古专业。

E 跟她名字一样的人很多。

2. 关于高小云：F 觉得自己的学校很不好。

G 她的专业排名全国第一。

H 很多时间都在上网。

I 有很多黄金，很有钱。

第三题：跟读下面的句子。

1.

2.

3.

4.

5.

6.

7.

第四题：听录音，记住其中的问题，然后和你的同学做问答练
习。

1.

2.

3.

4.

5.

第五题：请听用较快速度朗读的课文录音。

课文二

体操生涯

词语

1. 体操（名，丙）	tǐcāo	gymnastics
2. 生涯（名，超）	shēngyá	career, profession
3. 挫折（名，丙）	cuòzhé	frustration
4. 全新（形，超）	quánxīn	brand new
5. 动作（名，乙）	dòngzuò	movement, action
6. 杠（名，超）	gàng	gymnastic apparatus, bar
7. 费力（丙）	fèi lì	need great effort
8. 裁判（动、名，丙）	cáipàn	judge
9. 认可（动，丁）	rènkě	approve
10. 不利（形，丙）	búlì	unfavourable
11. 发育（动、名，丙）	fāyù	grow, growth

12. 臂（名，丁）　　　　bì　　　　arm

13. 明显（形，乙）　　　míngxiǎn　　clear, obvious

14. 袖子（名，丁）　　　xiùzi　　　　sleeve

15. 委屈（动、形，丙）　wěiqū　　　　grievance

16. 偷偷（副，乙）　　　tōutōu　　　　secretly, covertly

17. 当时（名，乙）　　　dāngshí　　　at that time

18. 腰（名，乙）　　　　yāo　　　　　waist

19. 退役（超）　　　　　tuì yì　　　　out of commission

20. 报告（名，乙）　　　bàogào　　　report

21. 无知（形，丁）　　　wúzhī　　　　ignorant

句子

1. 十五年的体操生涯给我留下了许多难忘的回忆。
2. 这个动作不利于身体发育，裁判不会认可的。
3. 我的右臂比左臂要粗，而且很明显，所以我不敢穿没有袖子的衣服。
4. 当时我的腰有伤，非常疼，训练质量不高。
5. 受委屈的时候，我总是一个人偷偷儿地哭。
6. 最后教练原谅了我的无知，给了我最后一次机会。

练习

第一题：听第一遍录音，确定他们谈论的主题是什么。

1. 奥运会比赛。
2. 难忘的训练。
3. 练体操的经历。
4. 对教练的看法。

第二题：听第二遍,回答问题。

1. A 难过。　　　　　　　　B 难忘。
   C 开心。　　　　　　　　D 委屈。

2. A 害怕胳膊变黑。　　　　B 自己不喜欢穿。
   C 男朋友不让穿。　　　　D 觉得穿上不好看。

3. A 13 岁开始练体操。　　　B 1996 年成为世界冠军。
   C 退役后又参加了比赛。　D 21 岁最后一次参加奥运会。

4. A 比赛成绩不好。　　　　B 自己觉得委屈。
   C 教练让她写的。　　　　D 受伤不能训练。

第三题：跟读下列句子。

1.

2.

3.

4.

5.

6.

第四题：谈谈你对下列现象或观点的看法。

1. 最难忘的是受挫折的时候。

2. 这个动作没有被裁判认可,理由是不利于身体的发育。

3. 我不敢穿没有袖子的衣服,因为我的右臂比左臂要粗,而且很明显。

4. 13 岁以后,有自己的想法了,教练一批评,就会偷偷地哭。

5. 后来我给教练写了一封信,希望他原谅我的无知。

第五题：请听用较快速度朗读的课文录音。

语言练习

第一题：听录音，回答问题。

1. A 在公司工作。 B 工作很轻松。
   C 喜欢自己的工作。 D 每天工作八小时。

2. A 是武术教练。 B 每天都很忙。
   C 身体不太好。 D 已经退休了。

3. A 怎样才能开心。 B 该不该换教练。
   C 不要害怕对手。 D 球队成绩不好。

4. A 应该多买彩票。 B 女的经常做梦。
   C 中奖的可能性很小。 D 走路会被花盆砸到。

5. A 黄土地。 B 一本书。
   C 一个成语。 D 农村生活。

6. A 金融。 B 考古。
   C 外语。 D 新闻。

7. A 同情。 B 高兴。
   C 难过。 D 委屈。

8. A 查书。 B 上网搜。
   C 问别人。 D 别找了。

9. A 水平很高。 B 方法很好。
   C 很多人认可。 D 不会培养人。

10. A 很喜欢体操。 B 训练很刻苦。
    C 梦想实现了。 D 身上有很多伤。

11. A 女的很喜欢买衬衫。 B 男的有很多蓝衬衫。
    C 衣服的袖子不够长。 D 男的穿起来不好看。

12. A 写报告。 B 用电脑。
    C 看小说。 D 锻炼身体。

第二题：两个人在谈论自己受过的最大的挫折,听后说出你觉
得谁的故事更感人。

课文三

读书识字

练 习

听课文,回答问题。

1. 请用短文中的例子说明:"读错字,会带来严重的后果"。
2. 为了说明"读错字,也会带来欢乐",短文中举了哪几个例子?

 词语小结

名词

彩票,奖,排行榜,坏处,金融,黄金,整天,考古,黄土,浑身,影子,体操,生涯,挫折,动作,杠,裁判,臂,袖子,当时,腰,报告。

动词

中,搜,排,认可,发育。

形容词

倒霉,开心,惨,全新,不利,明显,委屈,无知。

其他

连词:要不然。
副词:反正,净,委屈。

词组

打交道,天壤之别,费力,退役,之外。

表达法

我告诉你一件事。 真气人。 什么事让你这么生气？ 中了大奖。 一字之差。 你真会做梦。 也不一定是你。 现在怎么了？ 什么呀！ 一字之差，天壤之别呀！ 你别拿我开心了！ 我比你更惨！浑身上下。 我当时非常伤心。 那后来呢？ 给我最后一次机会。 有一个小故事，是这样讲的。 这当然不是件容易的事。 让人忍不住发笑。 但意思很不一样。 一切向前看。

第五单元　见仁见智

题解："见仁见智"的意思是,对同一个问题,因观察的角度不同,见解和看法也不同。

课文一

美丽的错误

词 语

1. 困(形、动,乙)	kùn	sleepy, tired
2. 播(动,丙)	bō	broadcast
3. 解说(动,超)	jiěshuō	comment
4. 烦(形、动,丙)	fán	vexed, annoyed
5. 一律(形,丁)	yílù	equally, without exception
6. 静音(名,超)	jìngyīn	with no sound
7. 嘴皮子(名,超)	zuǐpízi	lips of a glib talker
8. 难得(形,丙)	nándé	rare
9. 错误百出(超)	cuòwù-bǎichū	full of mistakes
10. 语录(名,超)	yǔlù	quotation
11. 守(动,丙)	shǒu	guard, defend

12. 体重(名,丁)	tǐzhòng	body weight
13. 电梯(名,超)	diàntī	lift, elevator
14. 尖(形,乙)	jiān	sharp
15. 主持(动,丙)	zhǔchí	take charge of
16. 幽默(形,丁)	yōumò	humor, humorous
17. 具有(动,乙)	jùyǒu	possess
18. 娱乐(动、名,丙)	yúlè	entertain, entertainment
19. 深夜(名,丙)	shēnyè	late night
20. 欢乐(形,丙)	huānlè	happy; joyous
21. 赚(动,丙)	zhuàn	make a profit, earn (money)
22. 赞成(动,乙)	zànchéng	approve, agree with

句子

1. 特别困的时候容易出现口误。
2. 嘴皮子快,知识面广,什么比赛都能解说,多难得呀!
3. 我最烦的就是张奇,只要是他的文章,我一律不看。
4. 一张嘴,错误百出,怎么能当主持人?
5. 幽默的解说,给深夜看球的球迷带来了欢乐。
6. 这是课本,不能要求它具有娱乐功能。

练习

第一题:听第一遍录音,回答:他们谈论的主要问题是什么?
1. 足球比赛的情况。
2. 怎么样出书赚钱。
3. 如何当好主持人。
4. 对解说员的看法。

第二题：听第二遍,判断正误。

    1. 关于男谈话人：A 第二次看这场比赛。

                            B 认为比赛很棒。

                            C 很烦比赛的解说。

                            D 看比赛时喜欢静音。

    2. 关于韩信： E 常常笑话别人。

                            F 了解很多体育比赛。

                            G 依靠出书赚钱。

                            H 工作中很少出现错误。

                            I 当了 20 年主持人。

第三题：跟读下列句子。

    1.

    2.

    3.

    4.

    5.

    6.

第四题：你将听到几种特点,判断具有这样特点的人适合不适合当主持人。

特点	适合当主持人	不适合当主持人
1.		
2.		
3.		
4.		
5.		

第五题：听录音,记住其中的问题,然后和你的同学做问答练习。

    1.

2.

3.

4.

5.

第六题：请听用较快速度朗读的课文录音。

课文二

心理测验

词 语

1.	精神（形、名，丙）	jīngshen	animated, vigor
2.	提神（超）	tí shén	refresh oneself
3.	测验（名，乙）	cèyàn	test, examination
4.	心理（名，丙）	xīnlǐ	mentality, psychology
5.	保证（动、名，乙）	bǎozhèng	guarantee, assure
6.	保质期（名，超）	bǎozhìqī	shelf life
7.	作息（超）	zuòxī	work and rest
8.	捣乱（丁）	dǎo luàn	make trouble
9.	装作（动，超）	zhuāngzuò	act
10.	照样（副，丙）	zhàoyàng	all the same, as before
11.	干脆（形，乙）	gāncuì	straightforward
12.	善于（动，乙）	shànyú	be good at, be adept in
13.	圈子（名，丙）	quānzi	circle, group
14.	恋人（名，超）	liànrén	lover, sweetheart

15. 运气（名，丙）　yùnqi　luck, fortune
16. 执著（形，超）　zhízhuó　persistent, clinging
17. 危机（名，乙）　wēijī　crisis
18. 放弃（动，乙）　fàngqì　abandon, give up
19. 不可思议（超）　bùkěsīyì　inconceivable, unimaginable
20. 表情（名，丙）　biǎoqíng　(facial) expression
21. 仅（副，乙）　jǐn　only, merely
22. 而已（助，丁）　éryǐ　that's all, nothing more

句子

1. 昨天一直工作到深夜，现在一点儿精神也没有。
2. 我给大家来两个心理测验提提神，怎么样？
3. 过了保质期？没关系，装作不知道，照样吃。
4. 这个人非常善于利用自己手中的资源。
5. 不管感情出现多大的危机，都不放弃对对方的爱。
6. 买彩票中了大奖，运气不错。
7. 一看表情，就知道他特别狡猾。
8. 生活圈子这么小，一个人的事情就是大家的话题。

练习

第一题：听录音，回答问题：从谈话中我们可以知道什么？
　1. 男的今天精神很好。
　2. 女的是心理测验专家。
　3. 他们经常做心理测验。
　4. 男的很相信测验结果。

第二题：听录音，完成下列问题。
　1. 谈话中提到的心理测验一共有四个选项，请把其中的 B 和 D 填入下表。

A	B	C	D
装作不知道,照样吃		干脆睡觉,不吃了	

2. 如果是你,你会做出什么选择?

3. 对于做心理测验,女的有什么看法?

4. 男的对心理测验感兴趣吗?为什么?

第三题:跟读下列句子。

1.

2.

3.

4.

5.

6.

7.

8.

第四题:听录音,记住其中的问题,然后和你的同学做问答练习。

1.

2.

3.

4.

第五题:请听用较快速度朗读的课文录音。

 语言练习

第一题:听录音,回答问题。

1. A 学习一直很努力。　　B 每次考试都很好。
   C 睡觉从来不做梦。　　D 经常不睡觉学习。

2. A 否定。 B 喜欢。
   C 讽刺。 D 无所谓。

3. A 他自己运气不错。 B 娱乐活动都很好。
   C 要正确看待中奖。 D 应该经常买彩票。

4. A 12 元。 B 70 元。
   C 150 元。 D 220 元。

5. A 得了感冒。 B 要参加球赛。
   C 是个守门员。 D 晚上睡不好。

6. A 娱乐。 B 新闻。
   C 音乐。 D 体育。

7. A 教室。 B 宿舍。
   C 饭店。 D 电影院。

8. A 能受委屈。 B 赚钱很多。
   C 有幽默感。 D 有想像力。

9. A 画画儿非常好。 B 力气十分大。
   C 朋友都喜欢她。 D 做事特别执著。

10. A 写报告。 B 听音乐。
    C 去散步。 D 不清楚。

11. A 男的正在看报纸。 B 球迷很烦开心队。
    C 球队评比不常有。 D 开心队常得第一。

12. A 电影票的价钱。 B 孩子说话的特点。
    C 在电影院的经历。 D 怎样编孩子语录。

第二题：两个人在谈自己早就想做的事情,听后请回答:

1. 如果有能力,你愿意帮助谁? 为什么?
2. 向你的同桌介绍一件你早就想做的事。

课文三

请绕行

练习

听课文,回答问题。

　　1. 作者最后为什么笑了起来?

　　2. 如果是你,看到这样的路牌时,你会不会继续往前走?

 词语小结

名词

　　困,静音,嘴皮子,语录,体重,电梯,深夜,精神,测验,心理,保质期,圈子,恋人,运气,危机,表情。

动词

　　播,解说,守,主持,具有,娱乐,赚,赞成,提神,保证,作息,捣乱,装作,善于,执著,放弃。

形容词

　　烦,一律,难得,尖,幽默,欢乐,干脆。

其他

　　副词:照样,仅。

　　助词:而已。

词组

　　错误百出,不可思议。

表达法

　　我最烦的就是他。　多难得呀！　他的问题就在这儿。　什么都知道一点，什么都不专业。　能把你的肚子笑破。　不知道自己该干什么。　说得有道理。　越多越好。　我今天怎么一点儿精神也没有？　这时候你怎么办？　别捣乱！　你的运气不错。　真不可思议！　为什么不呢？　别提多高兴了。　真的吗？　我怎么没感觉到？　就算你说得对。　这只能说明。　很多情况下。　仅此而已。　发生了一件很有意思的事。　心里真不是滋味。这样一想。　不由得笑了起来。

第六单元　谈天说地

题解：谈、说，都是指说话、谈论；天、地，指谈话的内容。"谈天说地"的意思是谈话的内容很广，随便聊天。

课文一

因为山在那里

词 语

1. 登(动,乙)	dēng	climb, ascend
2. 攀登(动,丙)	pāndēng	climb, clamber
3. 海拔(名,丙)	hǎibá	height above sea-level
4. 喜爱(动,丙)	xǐ'ài	like, love, be fond of
5. 健身(动,超)	jiànshēn	keep fit
6. 市民(名,丁)	shìmín	citizen
7. 高峰(名,丙)	gāofēng	peak, height
8. 迎接(动,乙)	yíngjiē	meet, welcome
9. 升(动,乙)	shēng	rise, ascend
10. 山顶(名,超)	shāndǐng	mountain top, summit
11. 群山(名,超)	qúnshān	connected mountains
12. 自豪(形,丙)	zìháo	be proud of, take pride in

13. 一瞬间（名，超）	yíshùnjiān	flash, minute moment
14. 转变（动，乙）	zhuǎnbiàn	transform, shift
15. 天地（名，丁）	tiāndì	heaven and earth, universe
16. 畏惧（动，丁）	wèijù	fear, dread
17. 人定胜天（超）	réndìngshèngtiān	man will triumph over nature
18. 大自然（名，丙）	dàzìrán	nature
19. 渺小（形，丁）	miǎoxiǎo	tiny, negligible
20. 相当于（超）	xiāngdāngyú	be about equal to

句子

1. 听说学校登山队攀登过两座 6000 米以上的雪山。
2. 假期的时候我喜欢出去旅行，可是我丈夫喜欢呆在家里。
3. 海拔高度又叫绝对高度，是指相对于海平面的高度。
4. 不少电影演员也特别喜爱登山。
5. 不管人类有多进步，在大自然面前，都是很渺小的。
6. 古代的人对天地、对自然有一种深深的畏惧。
7. 站在最高峰，迎接早上升起的太阳，感觉真是棒极了！

练习

第一题：听第一遍录音，回答：他们谈论的主要话题是什么？
  1. 假期安排。
  2. 怎样健身。
  3. 登山运动。
  4. 起名原因。

第二题：听第二遍,回答问题。

1. A 登山是假期必须参加的活动。
   B 登山是一种很好的健身方式。
   C 觉得自己和登山有神秘联系。
   D 站在最高峰的感觉非常舒服。

2. A 经常去爬香山。 B 要去青海登山。
   C 觉得自己很了不起。 D 不喜欢自己的名字。

3. A 觉得自己了不起。 B 认为小山更好看。
   C 非常害怕自然界。 D 感到人类很渺小。

4. A 假期要去登山。 B 登过很多的山。
   C 最近去过青海。 D 对登山有兴趣。

5. A 青海有一座海拔 5500 的山。 B 北京很多市民经常爬香山。
   C 男的因喜欢登山而改了名。 D 女的常常爬 500 米高的山。

第三题：跟读下列句子。

1.
2.
3.
4.
5.
6.

第四题：谈谈你对下列观点的看法。

1. 当你登上山顶,看到群山都在你的脚下时,感觉确实很棒,你会觉得自己很了不起。

2. 以前我们总是说人定胜天,其实在大自然面前,人类真的是非常渺小。

第五题：听录音,记住其中的问题,然后和同学做问答练习。

1.
2.

3.

4.

第六题：请听用较快速度朗读的课文录音。

课文二

生物濒临灭绝

词 语

1. 濒临(动,超)	bīnlín	be close to
2. 灭绝(超)	mièjué	become extinct, die out
3. 按时(副,乙)	ànshí	on time, on schedule
4. 列举(动,丁)	lièjǔ	enumerate, list
5. 严重(形,乙)	yánzhòng	serious, grave
6. 指出(动,乙)	zhǐchū	indicate, point out
7. 鹰(名,丁)	yīng	eagle
8. 野(形,丁)	yě	wild, uncultivated
9. 骆驼(名,丙)	luòtuo	camel
10. 基地(名,丙)	jīdì	base
11. 逼(动,乙)	bī	force, compel
12. 深山老林(超)	shēnshān-lǎolín	remote, thickly forested mountains
13. 平坦(形,丁)	píngtǎn	flat (of land)
14. 溪流(名,超)	xīliú	brook, stream
15. 野生(形,丁)	yěshēng	wild, undomesticated
16. 建造(动,丙)	jiànzào	build, construct

17. 冷冻(动,超)	lěngdòng	freeze
18. 保存(动,乙)	bǎocún	preserve, keep
19. 细胞(名,丙)	xìbāo	cell
20. 基因(名,超)	jīyīn	gene
21. 还原(丁)	huányuán	return to the original condition
22. 尾巴(名,乙)	wěiba	tail
23. 万能(形,超)	wànnéng	omnipotent, all-powerful
24. 总数(名,丁)	zǒngshù	total, sum

句子

1. 昨天我去参观了一个野生动物保护基地。
2. 中国虎喜欢平坦的草地,有树林,有溪流,有足够的野生食物。
3. 听说政府将在这里建造一个花园。
4. 将动物的细胞冷冻保存,是为了进行科学研究。
5. 请列举几个你知道的野生动物的名字。
6. 父母整天逼着我学习,我快烦死了。

练习

第一题:听第一遍录音,回答:他们谈话的目的是什么?
    1. 打发无聊的时间。
    2. 商量怎么做作业。
    3. 交流有趣的信息。
    4. 研究动物保护问题。

第二题:听第二遍,回答问题。
    1. A 很有意思。　　　　B 比较有用。
       C 非常无聊。　　　　D 可以不做。

2. (指出解决办法　列举材料说明情况　说明原因)

先 _____ , 再 _____ , 最后 _____ 。

3. A 说明问题的严重性。　　　B 指出人类能做的事情。

C 分析问题产生的原因。　　　D 列举有关科技消息。

4. A 菲律宾鹰。　　　　　　　B 野骆驼。

C 中国虎。　　　　　　　　D 泰国大象。

5. A 熊猫的尾巴。　　　　　　B 作业的结尾。

C 一种装饰品。　　　　　　D 给老师的礼物。

6. A 女的能得 100 分。　　　　B 上课时不能做梦。

C 赵老师的课不好。　　　　D 赵老师要求很严格。

第三题：跟读下列句子。

1.

2.

3.

4.

5.

6.

7.

第四题：听录音,记住其中的问题,然后和同学做问答练习。

1.

2.

3.

4.

5.

第五题：请听用较快速度朗读的课文录音。

语言练习

第一题：听录音,回答问题。

1. A 比较高兴。　　　　　　　B 非常轻松。
   C 特别容易。　　　　　　　D 十分辛苦。

2. A 四川。　　　　　　　　　B 山上。
   C 家里。　　　　　　　　　D 公司。

3. A 今天。　　　　　　　　　B 明天。
   C 后天。　　　　　　　　　D 几天以后。

4. A 谁是新经理。　　　　　　B 新经理怎么样。
   C 谁去迎接新经理。　　　　D 怎样布置办公室。

5. A 工作。　　　　　　　　　B 看小说
   C 看报纸。　　　　　　　　D 研究科学。

6. A 要好好准备报告。　　　　B 要更加认真地工作。
   C 要多列举一些数字。　　　D 要保存有用的资料。

7. A 嗓子有点不舒服。　　　　B 不太喜欢唱歌。
   C 觉得自己唱得难听。　　　D 大家喜欢听她读诗。

8. A 还没有研究出来。　　　　B 效果还不太确定。
   C 已经通过了实验。　　　　D 取得了很大成功。

9. A 老师和学生。　　　　　　B 导演和演员。
   C 教练和运动员。　　　　　D 记者和运动员。

10. A 王经理有什么爱好。　　　B 怎样健身最有效。
    C 深山老林能不能去。　　　D 怎样保护野生动物。

11. A 是公司的一个职员。　　　B 觉得总经理很渺小。
    C 想做一个普通的人。　　　D 觉得自己赚钱不多。

12. A 女的见过野骆驼。　　　　B 男的很爱看电视。
    C 女的生活在城市里。　　　D 男的去过深山老林。

第二题：一个摄影师和一个画家在谈自己的作品,听后说出他
　　　　们的作品有什么共同点。

课文三

气候和人类文明

练习

听录音,简单回答问题。

　　1. 赵老师要谈的主要问题是什么?他对这个问题的看法是什么?

　　2. 他认为人类永远不可能做什么样的事?

　　3. 为什么他多年来坚持骑自行车?

 词语小结

名词

　　海拔,市民,高峰,山顶,群山,一瞬间,天地,大自然,鹰,骆驼,基地,溪流,细胞,基因,尾巴,总数。

动词

　　登,攀登,喜爱,健身,迎接,升,转变,畏惧,濒临,灭绝,列举,指出,逼,建造,冷冻,保存,还原。

形容词

　　自豪,渺小,严重,野,平坦,溪流,万能。

其他

　　副词:按时。

词组

　　人定胜天,深山老林。

表达法

还有一个特别的原因。 那种感觉确实很棒。你会觉得自己很了不起。 对我来说。 你说得对。 问题是怎么做？ 这还不简单？你看能用吗？ 很有代表性。 别做梦了！ 事实上。 我也很清楚。 这不是解决问题的根本办法。 我还是愿意去努力。 这是我的信念。 我个人的看法是。 可以这样说。 为什么会是这样？ 与此相应的是。 这当然是最好的。 在我看来。 这是不可能的。 就好像俗话所说的那样。 又要马儿跑得好，又要马儿不吃草。 怎么可能呢？ 再强调一下。我相信这一点。

第七单元　从善如流

题解：从，听从、接受；善，好的建议；如，好像；流，流水。接受别人好的建议就像水流向低处一样自然，指非常愿意接受别人的建议。

课文一

自知之明

词语

1. 用功（形，乙）	yònggōng	study hard, hardworking
2. 良好（形，乙）	liánghǎo	good, well
3. 诗歌（名，丁）	shīgē	poetry
4. 精力（名，乙）	jīnglì	energy, vigor
5. 期望值（名，超）	qīwàngzhí	expected value
6. 清晰（形，丙）	qīngxī	clear, distinct
7. 见解（名，丙）	jiànjiě	view, opinion
8. 独特（形，丙）	dútè	unique, distinctive
9. 逻辑（名，丙）	luóji	logic
10. 长处（名，丁）	chángchù	strong point, merit
11. 一向（副，丙）	yíxiàng	all along

12. 如此(代,丙)	rúcǐ	like this
13. 伤心(乙)	shāng xīn	sad, broken-hearted
14. 总的来说(丁)	zǒngdeláishuō	generally speaking, to sum up
15. 啰嗦(形,丁)	luōsuō	wordy
16. 有待(动,丁)	yǒudài	remain (to be done)
17. 嫌(动,丙)	xián	dislike
18. 有的是(动,乙)	yǒudeshì	have plenty of
19. 自知之明(超)	zìzhīzhīmíng	self-knowledge
20. 摘(动,乙)	zhāi	pick, take off
21. 羡慕(动,乙)	xiànmù	admire, envy

句子

1. 新来的教练自我感觉非常良好,队员们对他的期望值也很高。
2. 小刘一向如此,遇到挫折的时候,就一个人偷偷儿地哭。
3. 文章结构清晰,材料丰富,见解独特,逻辑性强。
4. 总的来说,人最重要的是要有自知之明。
5. 虽然我是大学中文系毕业,但我知道我的文字表达能力还有待提高。
6. 你的长处是见解独特,缺点是比较啰嗦。
7. 他嫌我水平低,不愿意跟我一起训练。

练习

第一题:听第一遍录音,回答:男的有点失望的主要原因是什么?

1. 没有按时完成作业。
2. 没有得到期望的分数。
3. 成绩没有别的同学好。

4. 觉得老师水平不够高。

第二题：听第二遍录音,回答问题。

1. A 现代诗歌。   B 外国文学。
  　C 现代小说。   D 古代诗词。

2. A 比别的课分数高。   B 花了很多时间写。
  　C 老师给了 89 分。   D 男的觉得很满意。

3. A 结构清晰。   B 语句简练。
  　C 材料丰富。   D 逻辑性强。

4. A 文章写得很好。   B 作业得分很高。
  　C 常替人改文章。   D 有一位好老师。

5.

第三题：跟读下列句子。

  1.
  2.
  3.
  4.
  5.
  6.
  7.

第四题：听录音,记住其中的问题,然后和同学做问答练习。

  1.
  2.
  3.
  4.
  5.

第五题：请听用较快速度朗读的课文录音。

课文二

竞争没有国界

词语

1.	院长（名，乙）	yuànzhǎng	president (of a university, etc.)
2.	出身（动、名，丙）	chūshēn	one's previous experience or occupation
3.	博士（名，丙）	bóshì	Ph.D.
4.	引用（动，丁）	yǐnyòng	quote, cite
5.	文献（名，丁）	wénxiàn	document, literature
6.	不住（副，乙）	búzhù	continuously
7.	出差（丁）	chū chāi	be away on official business or on a business trip
8.	暗示（动，丁）	ànshì	drop a hint, hint
9.	猜测（动，丁）	cāicè	guess
10.	沟通（动，丁）	gōutōng	communicate
11.	直截了当（超）	zhíjié-liǎodàng	straightforward, flat-footed
12.	启发（动、名，乙）	qǐfā	inspire, enlighten
13.	思维（名，丙）	sīwéi	thought, thinking
14.	似乎（副，乙）	sìhū	as if, it seems
15.	谦虚（形，丙）	qiānxū	modest
16.	制定（动，乙）	zhìdìng	establish, formulate
17.	竞争（动、名，丙）	jìngzhēng	compete, competition

18. 国界 (超)	guójiè	national boundaries
19. 起点 (名,丁)	qǐdiǎn	starting point
20. 挑战 (名,丁)	tiǎozhàn	challenge
21. 名次 (名,丁)	míngcì	position in a name list
22. 山外有山 (超)	shānwàiyǒushān	there's always a mountain beyond a mountain, there's always something better
23. 功成名就 (超)	gōngchéng-míngjiù	render outstanding service and be famous

句子

1. 他是学外语出身的,当过领导人的翻译。
2. 找工作越来越难了,不少博士都找不到好工作。
3. 他的逻辑思维能力很强,说话总是很有条理。
4. 做人应该谦虚一点,你不可能什么都比别人好。
5. 现在各个行业的竞争都很激烈。
6. 这个讲座对你有什么启发吗?
7. 我欣赏直截了当的沟通方式。
8. 应该放开思维,制定一个更有挑战性的目标。

练习

第一题:听第一遍录音,回答:他们谈论的主要话题是什么?
1. 一封给大学生的信。
2. 怎样很好地与人沟通。
3. 中西思维方式的差异。
4. 制定目标的重要性。

5. 应该如何看待好名次。

第二题：听第二遍录音,判断正误。

1. 关于李开复：A 是微软中国研究院的院长。
   B 是搞技术出身的。
   C 很少有人引用他的博士论文。
   D 他觉得制定目标很重要。

2. 关于田明亮：E 对所看的信很感兴趣。
   F 看过信以后很受启发。
   G 对中西方思维方式有深入的研究。
   H 说话很不谦虚。
   I 唱卡拉 OK 得过最高分。

第三题：跟读下列句子。

1.

2.

3.

4.

5.

6.

7.

8.

第四题：谈谈你对下列观点的看法。

1. 沟通方式应该直截了当,心里想什么就讲什么。

2. 制定目标是一件十分重要的事情。

3. 在二十一世纪,竞争已经没有国界。

4. 应该放开思维,站在一个更高的起点,制定一个更有挑战性的目标。

5. 只在一所学校取得好成绩、好名次就认为已经功成名就,这是很可笑的。

第五题：请听用较快速度朗读的课文录音。

 语言练习

第一题：听录音,回答问题。

1. A 是很谦虚的人。　　　　　B 学习上很用功。
　　C 正准备考博士。　　　　　D 已经功成名就。

2. A 想参加国际的竞争。　　　B 没有什么自知之明。
　　C 有很多独特的长处。　　　D 只想找一个好工作。

3. A 启发暗示。　　　　　　　B 直截了当。
　　C 引用广告。　　　　　　　D 特别谦虚。

4. A 平时非常用功。　　　　　B 好的学习方法。
　　C 学习效率要高。　　　　　D 好的学习态度。

5. A 继续思考。　　　　　　　B 出去放松。
　　C 查阅文献。　　　　　　　D 找人讨论。

6. A 比赛的结果。　　　　　　B 赛后的感想。
　　C 以后的打算。　　　　　　D 技术的作用。

7. A 对话啰嗦。　　　　　　　B 演员很差。
　　C 服装难看。　　　　　　　D 内容深刻。

8. A 没能参加比赛。　　　　　B 没有拿到名次。
　　C 腿受伤了很疼。　　　　　D 没有完成比赛。

9. A 没错,我比他更懂。　　　B 谢谢你说我的好话。
　　C 你说话真的很谦虚。　　　D 你别开我的玩笑了。

10. A 沟通方式。　　　　　　　B 约会时间。
　　C 人生挑战。　　　　　　　D 大脑疾病。

11. A 有点伤心。　　　　　　　B 非常自豪。
　　C 比较好奇。　　　　　　　D 觉得可惜。

12. A 经常要出差。　　　　　　B 女的很羡慕。
　　C 妻子不满意。　　　　　　D 挣钱比较多。

第二题：两个人在谈自己解决烦恼的办法，听后请说一说。

    1. 你觉得两人的办法怎么样？

    2. 你遇到烦恼的时候会怎么办？

课文三

三句话

练习

听录音，简单回答问题。

    1. 说话人认为深圳人心理压力大的原因有哪些？

    2. 说话人建议大家要学会哪几句话？

 词语小结

名词

    诗歌，精力，期望值，见解，逻辑，长处，院长，博士，文献，思维，国界，起点，挑战，名次。

动词

    有待，嫌，有的是，摘，羡慕，出身，引用，出差，暗示，猜测，沟通，启发，制定，竞争。

形容词

    良好，清晰，独特，伤心，啰嗦，谦虚。

其他

    副词：一向，不住，似乎。

    代词：如此。

词组

用功,总的来说,山外有山,自知之明,直截了当,功成名就。

表达法

怎么样? 怎么说? 别提了! 自我感觉非常良好。 让我看看。 挺不错的呀! 问题是。 这么说。 一直都是如此。 我真羡慕你。 有一次。 我觉得这个例子很有启发性。 这么谦虚啊! 你还有哪些理解? 山外有山,人上有人。 这是很可笑的。 算了吧。 你忘了。 情况可能特殊一些。 主要的原因可能有两个。 供大家参考。 简单地说。 我的建议是。 听人劝,吃饱饭。 说的也是这个意思。 我的话讲完了。

第八单元　能言善辩

题解：言，谈话；辩，辩论。"能言善辩"是说擅长谈话和辩论。

课文一

习惯成自然

词语

1. 请教(动,丙)	qǐngjiào	seek advice from sb., consult
2. 纯粹(形,丁)	chúncuì	purely
3. 废话(名,丙)	fèihuà	nonsense
4. 为难(动,丙)	wéinán	baffle
5. 战胜(动,乙)	zhànshèng	defeat, triumph over
6. 战败(动,超)	zhànbài	defeat, be defeated
7. 总得(助动,丙)	zǒngděi	have to, be bound to
8. 反而(副,丙)	fǎn'ér	on the contrary, instead
9. 糊涂(形,乙)	hútu	muddled
10. 几乎(副,乙)	jīhū	almost, nearly
11. 语言学家(名,超)	yǔyánxuéjiā	linguist
12. 钻研(动,乙)	zuānyán	study intensively, dig

		into
13. 当中(名,丙)	dāngzhōng	in the midst of, among
14. 约定俗成(超)	yuēdìngsúchéng	established by popular usage
15. 毫无(乙)	háowú	not in the least, not a bit
16. 惯例(名,丁)	guànlì	convention
17. 尊重(动,丙)	zūnzhòng	respect, esteem
18. 地道(形,丙)	dìdao	genuine, idiomatic
19. 请客(乙)	qǐng kè	treat sb. (to dinner, a performance, etc.)
20. 习惯成自然(超)	xíguàn chéng zìrán	once you form a habit, it comes natural to you
21. 辩论(动,丙)	biànlùn	debate, argue over
22. 就是说(丙)	jiùshì shuō	that is to say

句 子

1. 每次下课后,他都有问题向老师请教。
2. 这件事让我感到很为难。
3. 光生气有什么用,你总得想个办法吧。
4. 你这么一说我反而更糊涂了。
5. 这家饭馆的四川菜做得很地道,我们就在这儿吃吧。
6. 今年的大学生辩论比赛在北京举行。
7. 应该有实际行动,不能让尊重国际惯例成为一句废话。

练习

第一题：听第一遍录音，回答：他们主要在谈论什么？

    1. 语言有没有道理。

    2. 老师应该知道什么。

    3. 今天吃饭由谁请客。

    4. 要去什么地方吃饭。

第二题：听第二遍录音，回答问题。

    1. A 老师没有回答他的问题。   B 他对老师的回答不满意。

        C 他喜欢的上海队战败了。   D 他和同学的辩论输掉了。

    2. A 谈话时有点不高兴。   B 学习中很爱问问题。

        C 想知道明确的答案。   D 喜欢和老师开玩笑。

    3. A 学汉语不问为什么。   B 妈妈是个语言学家。

        C 非常喜欢学习语法。   D 和人辩论总是会赢。

    4. A 学语言问为什么。   B 男的请女的吃饭。

        C 老师讲解语法。   D 多用左手刷牙。

    5. A 去上汉语课。   B 一起去吃饭。

        C 再找人辩论。   D 向老师请教。

第三题：跟读下列句子。

    1.

    2.

    3.

    4.

    5.

    6.

    7.

    8.

第四题：听录音,记住其中的问题,然后和同学做问答练习。

    1.

    2.

    3.

    4.

    5.

    6.

第五题：请听用较快速度朗读的课文录音。

课文二

宽进严出还是严进宽出？

词语

1. 花期（名,超）	huāqī	florescence
2. 热点（名,超）	rèdiǎn	hotspot
3. 双方（名,乙）	shuāngfāng	both sides, two parties
4. 风度（名,丁）	fēngdù	demeanor, bearing
5. 思考（动,丙）	sīkǎo	think, ponder
6. 享有（动,丁）	xiǎngyǒu	enjoy (rights, privileges, etc.)
7. 权利（名,丙）	quánlì	right, privilege
8. 体现（名,丙）	tǐxiàn	embody, reflect
9. 平等（形、名,乙）	píngděng	equal
10. 搜索（动,丁）	sōusuǒ	search for, hunt for
11. 深度（名,丙）	shēndù	depth

12. 引进(动,丙)　　　yǐnjìn　　　import (personnel, capital, technology, etc.)

13. 简称(动,丁)　　　jiǎnchēng　　be called sth. for short, abbreviate

14. 古典(形,丙)　　　gǔdiǎn　　　classical

15. 时髦(形,丁)　　　shímáo　　　fashionable, in vogue

16. 说法(名,丙)　　　shuōfǎ　　　wording

17. 故意(形,乙)　　　gùyì　　　　deliberately, intentionally

18. 搞笑(动,超)　　　gǎoxiào　　　make fun

19. 至于(连,丙)　　　zhìyú　　　　as far as

20. 口袋(名,乙)　　　kǒudài　　　bag, pocket

21. 强盗(名,乙)　　　qiángdào　　bandit, robber

22. 保管(动,丙)　　　báoguǎn　　　take care of, store and manage

23. 骗子(名,超)　　　piànzi　　　swindler, cheater

24. 琢磨(动,丁)　　　zuómo　　　ponder

句子

1. 你应该学会自己思考,不要一遇到问题就找父母。
2. 这篇文章写得很有深度,获一等奖并不奇怪。
3. 为了加快经济发展,市政府决定大量引进外省人才。
4. 他是一个音乐迷,尤其喜欢古典音乐。
5. 这几件东西你替我好好保管,回国以后我再来拿。
6. 教育是每个人都应该享有的权利。
7. 为了引起女孩的注意,男孩故意拿走了她的书。

练 习

第一题：听第一遍录音,回答:他们谈论的主题是什么?

    1. 辩论比赛。

    2. 大学教育。

    3. 财产管理。

    4. 西部大开发。

第二题：判断正误。

    1. 关于男的：A 很喜欢看电视。

                        B 已经五十岁了。

                        C 对辩论赛很有兴趣。

                        D 专业是古代哲学。

                        E 从来没有上过网。

                        F 对电视节目评价不高。

    2. 关于女的：G 同意大学教育应该宽进严出。

                        H 认为大学生辩论应该有深度。

                        I 对大学生辩论赛完全不了解。

                        J 不看电视也不看报纸。

第三题：跟读下列句子。

    1.

    2.

    3.

    4.

    5.

    6.

    7.

第四题：下面是这段谈话中的一些观点,请谈一谈你对这些观点的看法。

    1. 你都快五十的人了,还这么关心大学生辩论比赛,真不可思议!

2. 教育是每个人都应该享有的权利,宽进严出更能体现人人平等的精神。

3. 大学生辩论嘛,又不是两小儿辩日,当然要有思想,有深度。

4. 你不看电视不看报纸,当然不了解这些时髦说法。

5. 现在的大学生可真能琢磨!

第五题:请听用较快速度朗读的课文录音。

 语言练习

第一题:听录音,回答问题。

1. A 和女的是同事。　　　B 善于和人辩论。
   C 经常跟人吵架。　　　D 还没有女朋友。

2. A 喜欢演讲。　　　　　B 善于沟通。
   C 思想有深度。　　　　D 汉语很地道。

3. A 清华大学。　　　　　B 北京大学。
   C 简称的特点。　　　　D 学校和城市。

4. A 参加辩论赛。　　　　B 一起看报纸。
   C 在单位上班。　　　　D 讨论一种现象。

5. A 男的女朋友很爱学习。　B 男的很会安慰女朋友
   C 女的是有经验的老师。　D 男的同意女的观点。

6. A 买的时候不能试。　　　B 没有买到合适的。
   C 试了的就必须买。　　　D 在商场遇到了强盗。

7. A 公司同事。　　　　　B 大学同学。
   C 男女朋友。　　　　　D 高中师生。

8. A 女的帮了他的忙。　　　B 觉得女的没有钱。
   C 认为女性不该请。　　　D 不想一起去吃饭。

9. A 自己不喜欢。　　　　B 工作不轻松。
   C 工资不够高。　　　　D 环境不太好。

10. A 题目没有意思。　　　B 准备得不很好。
    C 双方吵起来了。　　　D 女的非常喜欢。

11. A 女性的穿着。　　　　　B 时髦的衣服。
　　 C 感冒的原因。　　　　　D 喜欢的药店。
12. A 天天不去上班。　　　　B 想成为有钱人。
　　 C 经常钻研问题。　　　　D 工作比较轻松。
13. A 讲解一个问题。　　　　B 准备一个讲座。
　　 C 研究现代文学。　　　　D 上网搜索资料。

第二题：两个人在谈自己学外语时的体会，听后请说一说。
　　 1. 你觉得谁可以学得更好？
　　 2. 你自己学习外语时，最大的体会是什么？

课文三

脑筋急转弯

练习

听录音，回答下列问题。
　　 1. 什么是"脑筋急转弯儿"？它有什么特点？
　　 2. 说话人谈到了哪几种"脑筋急转弯儿"的题目？说话人最感兴趣的
　　　　是哪一种？

 词语小结

名词

　　废话，语言学家，当中，惯例，花期，热点，双方，风度，权利，深度，说法，口袋，强盗，骗子。

动词

　　请教，为难，战胜，战败，钻研，尊重，辩论，思考，享有，体现，搜索，引进，简称，搞笑，保管，琢磨。

形容词

纯粹,糊涂,地道,平等,古典,时髦,故意。

其他

副词：反而,几乎。
连词：至于。
助动词：总得。

词组

约定俗成,毫无,请客,习惯成自然,就是说。

表达法

你怎么了。我很失望。纯粹是废话,跟没说一样。总得说出点原因吧。说了你反而会更糊涂。这就够了。你猜为什么？你别开玩笑了！这怎么可能呢？不骗你。习惯成自然。今天是怎么了？太阳从西边出来了？挺精彩的。真不可思议。再说了。你眼光不错嘛！有思想,有深度。我跟你说。能把你笑死！不至于吧？那我问你。现在的学生可真能想！还有呢。你听说过没有？让我来给你介绍一下。就是说。举一个简单的例子。

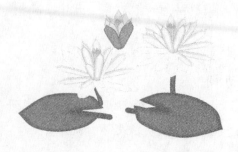

第九单元　孤掌难鸣

题解：孤，单独；掌，手掌，巴掌；鸣，发出声音。孤掌难鸣意思是一个巴掌拍不响，用来指一个人的力量有限，也指做事情需要配合。

课文一

三姐妹

词语

1. 编辑(动、名,丙)	biānjí	editor, compiler
2. 律师(名,丁)	lǜshī	lawyer, solicitor
3. 写作(动,丙)	xiězuò	write, writing
4. 绘画(丁)	huìhuà	draw, paint
5. 赞美(动,丙)	zànměi	praise
6. 命运(名,乙)	mìngyùn	destiny, fate
7. 出色(形,丁)	chūsè	excellent, outstanding
8. 评价(动、名,丙)	píngjià	evaluate, evaluation
9. 发愁(丁)	fā chóu	be anxious, worry
10. 拿……来说(丙)	ná… láishuō	as regards, as to
11. 居然(副,丙)	jūrán	unexpectedly, to one's surprise

12. 恰好(副,丙)　　　qiàhǎo　　　just right

13. 高中(名,丙)　　　gāozhōng　　senior middle school, high school

14. 退休(动,丙)　　　tuìxiū　　　retire

15. 重演(超)　　　　chóng yǎn　　replay, repeat

16. 偏偏(副,丙)　　　piānpiān　　only, just

17. 再三(副,丙)　　　zàisān　　　again and again, repeatedly

18. 寸步难行(超)　　　cùnbù-nánxíng　be unable to move even a single step, be unable to do anything

19. 用心(丙)　　　　yòng xīn　　diligently, attentively

20. 惹(动,乙)　　　　rě　　　　cause (sth. bad) to happen, provo

21. 祸(名,丁)　　　　huò　　　　misfortune, disaster

22. 胃口(名,丁)　　　wèikǒu　　　appetite

句子

1. 拿绘画来说,没有 10 年的工夫是不可能画好的。
2. 他是一位退休编辑,写作水平当然非常高。
3. 人家三个孩子,个个出色;我只有一个,却整天发愁。
4. 他一个小职员,居然敢惹总经理生气!
5. 家长再着急,孩子不用心,不配合,你也没办法。
6. 平时都有人,偏偏今天不开门,真气死了!
7. 我这儿恰好有这本书,你先拿去看吧。
8. 今天心情不好,一点胃口也没有。

练 习

第一题：听第一遍录音，回答：他们主要在谈论什么问题？

    1. 学生的考试成绩。

    2. 学校的历史教学。

    3. 孩子的培养教育。

    4. 学好数学的意义。

第二题：听第二遍录音，回答问题。

    1. A 写作。　　　　　　　　B 绘画。

       C 摄影。　　　　　　　　D 音乐。

    2. A 辅导很有作用。　　　　B 考试成绩很好。

       C 和自己妈妈一样。　　　D 老师的评价很高。

    3. A 一共有三个孩子。　　　B 孩子的成绩很好。

       C 对音乐很有研究。　　　D 觉得数学很重要。

    4. A 心情不愉快。　　　　　B 饭菜不好吃。

       C 身体不舒服。　　　　　D 没什么原因。

    5. A 都对孩子不满意。　　　B 都不喜欢学习历史。

       C 都认为数学最重要。　　D 都很喜欢英国文学。

第三题：听录音，跟读下列句子。

    1.

    2.

    3.

    4.

    5.

    6.

    7.

    8.

第四题：听录音，记住其中的问题，然后和同学做问答练习。

1.

2.

3.

4.

5.

第五题：请听用较快速度朗读的课文录音。

课文二

镜花水月

词语

1.	形象(形,乙)	xíngxiàng	vivid, expressive
2.	生动(形,乙)	shēngdòng	vivid, lively
3.	赞同(动,丁)	zàntóng	approve, agree with
4.	当初(名,丙)	dāngchū	in the beginning, at first
5.	靓(形,超)	liàng	beautiful
6.	早晚(副,丙)	zǎowǎn	sooner or later
7.	无比(形,丙)	wúbǐ	incomparable, unparalleled
8.	无法(丙)	wúfǎ	unable, incapable
9.	接近(动,乙)	jiējìn	approach
10.	帅(形,丁)	shuài	handsome
11.	头脑(名,丙)	tóunǎo	brain, mind
12.	敏捷(形,丙)	mǐnjié	quick, agile
13.	悲观(形,丙)	bēiguān	pessimistic

14. 呆若木鸡(超)　　dāiruòmùjī　　dumb as a wooden chicken
15. 成语(名,丙)　　chéngyǔ　　idiom, proverb
16. 熬(动,丙)　　áo　　stay up late
17. 九牛一毛(超)　　jiǔniú-yìmáo　　a single hair out of nine ox hides
18. 比喻(名,丁)　　bǐyù　　metaphor, figure of speech
19. 构成(动,乙)　　gòuchéng　　constitute, make up
20. 甜言蜜语(超)　　tiányán-mìyǔ　　sweet talk
21. 简直(副,丙)　　jiǎnzhí　　simply, really
22. 灰心(丙)　　huī xīn　　lose heart, be discouraged

句子

1. 呆若木鸡、九牛一毛这样的成语,形象生动,很容易记住。
2. 镜中的鲜花,水中的明月,无比美好,却又无法接近!
3. 别灰心,我们早晚会成功的!
4. 像他头脑这么敏捷的人你简直找不出第二个。
5. 当初大家都很悲观,现在情况已经改变了很多。
6. 就是年轻人也不能每天晚上熬夜。
7. 日常生活中的很多词语都是用比喻的方法构成的。

练习

第一题:听第一遍录音,回答:男的有什么问题?
　　1. 不喜欢上听力课。
　　2. 没钱买高级巧克力。
　　3. 不理解汉语的成语。
　　4. 不知道怎么找女朋友。
　　5. 口语表达能力不够高。

第二题：听第二遍，回答问题。

1. A 课文题目非常形象。　　B 课文内容比较不错。
　　C 有一些说法很生动。　　D 用了有意思的成语。

2. A 孤掌难鸣，甜言蜜语。　B 镜花水月，九牛一毛。
　　C 呆若木鸡，从善如流。　D 百思不解，约定俗成。

3. A 是位韩国留学生。　　　B 已经有了女朋友。
　　C 每天晚上熬夜学习。　　D 想研究汉语的比喻。

4. A 学习成语时。　　　　　B 当上爸爸时。
　　C 见到美女时。　　　　　D 吃巧克力时。

5. A 说话很甜。　　　　　　B 脑子很笨。
　　C 学习不好。　　　　　　D 长得好看。

第三题：跟读下列句子。

1.
2.
3.
4.
5.
6.
7.
8.

第四题：听录音，记住其中的问题，然后和同学做问答练习。

1.
2.
3.
4.
5.

第五题：请听用较快速度朗读的课文录音。

语言练习

第一题：听录音,回答问题。

1. A 对做记者没兴趣。   B 写文章不受欢迎。
   C 做编辑比较轻松。   D 身体状况不太好。

2. A 朋友。   B 同事。
   C 母子。   D 同学。

3. A 书店。   B 饭店。
   C 医院。   D 教室。

4. A 新经理的特点。   B 同事的爱好。
   C 绘画的价值。   D 照相机的功能。

5. A 一定要有个好名字。   B 多思考才能成功。
   C 网上的文章很精彩。   D 用心做事最重要。

6. A 是一位律师。   B 长得不太好。
   C 工作很出色。   D 还没有结婚。

7. A 一个成语。   C 一种比喻。
   B 一种单位。   D 一根头发。

8. A 说出她的理由。   B 赞同他的做法。
   C 和他一起旅游。   D 不要那么啰嗦。

9. A 技术会越来越发达。   B 机器可能控制人类。
   C 机器都是人发明的。   D 人是世上最聪明的。

10. A 一部电影。   B 一篇博士论文。
    C 一首新歌。   D 一幅绘画作品。

11. A 考大学的经历。   B 高中的成绩。
    C 父母的期望。   D 上课的表现。

12. A 橘子皮很容易剥下来扔掉。   B 橘子皮不能写进诗歌里。
    C 好诗应该具备哪些条件。   D 语言优美对诗歌很重要。

第二题：两个人在谈与自己喜欢的动物有关的一些比喻，听后请回答。

　　1. 两人提到的的比喻你都能理解吗？

　　2. 你能不能列举一些其他的跟动物有关的比喻？

课文三

瘦猴和笨猪

练习

听录音，简单回答下列问题。

　　1. 说话人为什么对汉语的比喻感兴趣？

　　2. 对汉语的比喻，说话人最关心的问题是什么？说话人是如何说明这个问题的？

　　3. 说话人是用什么例子说明"信念比科学的事实更加重要"的？你能举出一些别的例子吗？

 词语小结

名词

　　编辑，律师，命运，高中，祸，胃口，当初，头脑，成语，比喻。

动词

　　写作，绘画，赞美，评价，发愁，退休，重演，惹，赞同，接近，熬，构成。

形容词

　　出色，形象，生动，靓，无比，帅，敏捷，悲观。

其他

　　副词：居然，恰好，偏偏，再三，早晚，简直。

词组

拿……来说，寸步难行，用心，无法，呆若木鸡，九牛一毛，甜言蜜语，灰心。

表达法

可不是嘛！ 倒是不错。 历史在重演。 你应该高兴才对！ 什么呀！ 我就想不明白。 常言说得好，一个巴掌拍不响。 你也没办法。 我现在明白了。 讲多少遍也是白讲！ 算了算了，不说了！ 我一下子就记住了。 就不是那么回事了。 对于我来说。 一句话也说不出来。 我的一个发现是。 我怎么就不会呢？ 我简直太笨了！ 别灰心！ 最近一段时间。 大家都知道。 特别重要的是。 你可能会觉得很奇怪。 就更不可思议了。 像一只瘦猴。 像猪一样。 事实上，这并不奇怪。 理由是。 这个例子说明。

第十单元　开卷有益

题解：开，打开；卷，书卷，书本。"开卷有益"是说只要打开书，就一定有收获。

课文一

读书答问

词　语

1. 个人（名，乙）	gèrén	individual (person)
2. 系统（形，乙）	xìtǒng	systematic
3. 评论（动、名，丙）	pínglùn	comment on, review
4. 博学（形，超）	bóxué	learned, erudite
5. 视野（名，丁）	shìyě	field of vision
6. 宽广（形，丁）	kuānguǎng	broad, extensive
7. 著作（名，乙）	zhùzuò	composing; literature
8. 学者（名，丙）	xuézhě	scholar, learned person
9. 循序渐进（丁）	xúnxùjiànjìn	proceed step by step
10. 主张（动，乙）	zhǔzhāng	advocate, maintain
11. 一阵（名，丙）	yízhèn	a period of time

12. 风格(名,丙)	fēnggé	character, style
13. 甚至(副、连,丙)	shènzhì	even
14. 偏见(名,丁)	piānjiàn	prejudice, bias
15. 好比(动,丙)	hǎobǐ	be just like, can be compared to
16. 至少(副,乙)	zhìshǎo	at least
17. 类似(形,丙)	lèisì	analogous, similar
18. 随意(形,丁)	suíyì	as one pleases
19. 情节(名,丁)	qíngjié	plot, scenario
20. 古人(名,丁)	gǔrén	ancients, forefathers
21. 差别(名,丙)	chābié	difference
22. 书籍(名,丙)	shūjí	book
23. 人生(名,丁)	rénshēng	life

句 子

1. 有人说,书籍是人生最好的老师,我很赞同这个观点。
2. 这几位学者在研究风格上有很大的差别。
3. 两本小说的情节、人物都有点类似,这是怎么回事?
4. 你说的这本著作,他甚至连看都没看过,怎么能够评论呢?
5. 无论学什么,都需要循序渐进,一步一步地来。
6. 最近这一阵特别忙,根本没时间系统地读书。
7. 作家都很浪漫,很多人都这样讲,但这是一种偏见。

练 习

第一题:听完第一遍后,回答:记者问了叶松几个问题?她都回
　　　　答了吗?

第二题：听完第二遍后，填表（"原因"部分对话中可能没谈到，需要你来想一个）。

	特　点	原　因
研究人员读书	1. 2.	
作家读书	1.	
叶松的读书方法	1. 2.	

第三题：跟读下列句子。

1.

2.

3.

4.

5.

6.

第四题：假如你正在接受记者的访问，请根据自己的情况回答下列问题。

1.

2.

3.

第五题：请听用较快速度朗读的课文录音。

课文二

题目

词 语

1.	透露(动,超)	tòulù	reveal
2.	显示(动,丙)	xiǎnshì	display
3.	引起(动,乙)	yǐnqǐ	arose, arouse
4.	联想(动,丁)	liánxiǎng	associate
5.	难以(副,丙)	nányǐ	hard to, difficult to
6.	磨灭(动,超)	mómiè	wear away
7.	牢(形,丙)	láo	firm, durable
8.	相当(形,乙)	xiāngdāng	considerable
9.	充实(形、动,丙)	chōngshí	rich, abundant
10.	妥当(形,丙)	tuǒdang	appropriate, suitable
11.	大约(副,乙)	dàyuē	about, approximately
12.	巧妙(形,乙)	qiǎomiào	ingenious, skillful
13.	偶尔(副,丙)	óu'ěr	once in a while, occasionally
14.	不像话(丙)	búxiànghuà	unreasonable, outrageous
15.	语文(名,丙)	yǔwén	Chinese (as a subject of study)
16.	命题(丁)	mìng tí	assign a topic or a subject
17.	固定(动、形,丙)	gùdìng	fixed, regular
18.	限制(动、名,乙)	xiànzhì	restrict, restriction
19.	人才(名,乙)	réncái	talented person

20. 关键（名，乙） guānjiàn key, crux
21. 在于（动，丙） zàiyú rest with
22. 本身（代，丙） běnshēn oneself

句子

1. 你的盘不是不能看，是根本就显示不了。
2. 文章内容相当充实，也很有深度，就是题目不太妥当。
3. 最后一句话给读者留下了难以磨灭的印象。
4. 今年的语文考试题目是谁出的？太不像话了！
5. 偶尔一用，还挺新鲜；老是这样，就让人烦了。
6. 这个工作的特点是上班时间不固定。
7. 关键在于题目本身的质量一定要高。

练习

第一题：听完第一遍后，确定本文的主要意思是什么。
1. 文章题目是怎样确定的。
2. 题目的种类和分类标准。
3. 题目很重要，也不容易确定。
4. 古人对文章题目是如何处理的。

第二题：听第二遍，回答问题。
1. A 透露文章的某些信息。　　B 显示文章的主要内容。
   C 引起读者丰富的联想。　　D 给人留下难忘的印象。
2. A 找不到一个妥当的题目。　　B 多年后还记得书的名字。
   C 忘记了以前都看过什么书。　D 用"无题"做文章的题目。
3. A 文中没有具体说明。　　　B 从古到今都是这样。
   C 需要跟朋友多商量。　　　D 写文章本身不容易。
4. A 非常不像话。　　　　　　B 可以经常使用。
   C 偶尔一用还行。　　　　　D 是一种好办法。

5. A 有点反对。 B 比较支持。
   C 坚决拒绝。 D 不太清楚。

6. A 多跟别人讨论。 B 自己认真思考。
   C 要求朋友出题。 D 文章不要题目。

第三题：跟读下列句子。

1.
2.
3.
4.
5.
6.

第四题：听录音,记住其中的问题,然后和你的同学做问答练习。

1.
2.
3.
4.
5.

第五题：请听用较快速度朗读的课文录音。

 语言练习

第一题：听录音,选择正确答案。

1. A 是一个系统工程。 B 各方面配合很重要。
   C 需要很长的时间。 D 常常没有什么效果。

2. A 刚开始时不能太容易。 B 学生往往容易犯错误。
   C 循序渐进的思想很重要。 D 先易后难不利于教学。

3. A 叶松的朋友。   B 叶松的老师。

   C 小杨的老师。   D 小杨的同学。

4. A 任何人都会有。   B 有一定的道理。

   C 改变起来很容易。   D 并非毫无根据。

5. A 怎样才能牢记读过的内容。   B 嘴巴和眼睛是相互影响的。

   C 小说的有些描写非常巧妙。   D 写小说怎样做到描写巧妙。

6. A 刘若英要开演唱会。   B 说话人很喜欢刘若英。

   C《分开旅行》是一首歌。   D 说话人很少看演唱会。

7. A 自己讨厌的天气。   B 自己的情绪变化。

   C 怎样控制坏脾气。   D 看书听音乐的作用。

8. A 固定的方法。   B 独特的见解。

   C 宽广的视野。   D 深入的思考

9. A 是一名大学生。   B 辅导过初中生。

   C 自己可以挣钱。   D 学习不是很好。

10. A 不应该让中小学生看。   B 能培养孩子们的智力。

    C 是书本之外的一种学习。   D 能教孩子们很多知识。

11. A 能给人享受。   B 能了解人生。

    C 能充实生活。   D 能开阔视野。

12. A 方便面的质量。   B 产品的名称。

    C 起名字的方法。   D 买东西的习惯。

第二题：两个人在谈论自己最理想的学习方式，请仔细听录音，
        然后说一说。

  1. 两人最理想的学习方式分别是什么？你比较同意谁的主张？

  2. 你自己最理想的学习方式是什么样的？

课文三

为什么读书？

练习

听录音,简单回答问题。

1. 孩子读书是为了什么？成人呢？
2. 在说话人可看来,理想的读书应该是什么？

 词语小结

名词

　　个人,视野,著作,学者,一阵,风格,偏见,情节,古人,差别,书籍,人生,语文,人才,关键。

动词

　　主张,好比,透露,显示,引起,联想,磨灭,限制,在于。

形容词

　　系统,博学,宽广,类似,随意,牢,相当,充实,妥当,巧妙,固定。

其他

　　副词：甚至,至少,难以,大约,偶尔。
　　代词：本身。

词组

　　循序渐进,不像话,命题。

表达法

我个人认为。我个人的看法是。我不太主张。这个问题我很难回答。对我来说。有的时候。书籍是人生最好的老师。很多人都有过这样的经历。真是急死人。没有办法的办法。问题是。你还别说。有一个小故事，是这样讲的。让人觉得很可笑。真烦人。很忙活的样子。可以说。毫无选择的余地。再正常不过的情况。

课 外 作 业

第一单元 士别三日

第一题：从所给的词中选择你听到的，在每个词的后面标上相
　　　　应的题目序号，没有出现的词不标。请注意：句子中可
　　　　能有你不懂的词汇，不要担心，只要找出你听到的词就
　　　　可以了。

(1-5)　学期　本来　可惜　假期　　进步　记者
　　　　局　　记得　落后　真是　　装修

(6-12)　其实　稳定　飞快　羽毛球　领先
　　　　可惜　状态　好奇　冤枉　　眼光

第二题：下面是 10 个句子，分成 5 组。每组的两个句子中有一
　　　　个相同的词组，听完后用汉语拼音写出这个词组。

甲组中相同的词组是 _____。

乙组中相同的词组是 _____。

丙组中相同的词组是 _____。

丁组中相同的词组是 _____。

戊组中相同的词组是 _____。

第三题：你将听到一个句子的前半部分，从 A 和 B 中选择一
　　　　个，组成一个完整的句子。

1.（A 你还记得我吗？　　　B 我高兴得不得了。）

2.（A 看得我都呆了！　　　B 感觉真实棒极了！）

3.（A 听不懂她的课。　　　B 真是没想到！）

4. （A 可那都是以前的事了。　　　　B 我就什么都有了。）（"是"重读）

5. （A 真是有意思。　　　　B 跟以前完全不一样了。）

6. （A 别忘了。　　　　B 别提了。）

7. （A 左耳朵进，右耳朵出。　　　　B 听不懂。）

8. （A 真是不得了。　　　　B 不过如此。）

9. （A 有好奇心。　　　　B 没什么水平。）

10. （A 太不稳定了。　　　　B 进步飞快呀！）

11. （A 真可惜！　　　　B 其实也没什么。）

第四题：听短文，回答问题。

1.

2.

3.

4.

5.

6.

7.

8.

9.

第二单元 百思不解

第一题：从所给的词中选择你听到的,在每个词的后面标上相
应的题目序号,没有出现的词不标。请注意:句子中可
能有你不懂的词汇,不要担心,只要找出你听到的词就
可以了。

(1-5) 玫瑰　恢复　有效　　真是　神秘
要说　治疗　无论如何　药物　端

(6-11) 大脑　肯定　导演　　揭开　治疗
墨镜　区域　开发　　储存　疾病

第二题：下面是 10 个句子,分成 5 组。每组的两个句子中有一
个相同的词组,听完后用汉语拼音写出这个词组。

甲组中相同的词组是 _____。

乙组中相同的词组是 _____。

丙组中相同的词组是 _____。

丁组中相同的词组是 _____。

戊组中相同的词组是 _____。

第三题：你将听到一个句子的前半部分,从 A 和 B 中选择一
个,组成一个完整的句子。

1.(A 真是够奇怪的。　　B 这个可不好说。)

2.(A 没有什么意思。　　B 越来越流行。)

3.(A 为失败的人准备的。　B 无聊的表现。)

4.(A 真是很神秘。　　B 其实很简单。)

5.(A 说点别的吧。　　B 别胡说了。)

6.(A 你说的对。　　B 多自然的事呀。)

7.(A 看都不看一眼。　　B 不用记就记住了。)

8.(A 这其实是一种误解。　B 这最没有意思。)

9.(A 你说说看。　　B 这还用问?)

10. （A 总是非常无聊。　　　　B 总是让我头疼。）
11. （A 比如说，　　　　　　　B 如果说，）

第四题：听对话，判断正误。

1. 女的明天要和男朋友一起看电影。
2. 女的觉得流水的声音不好听，所以她有心理疾病。
3. 女的觉得新经理很神秘。
4. 女的觉得广告中的减肥方法很有效。
5. 事实上，男的现在记忆力非常差。
6. 男的以为李雷得不了第一名。

第五题：听短文，回答问题。

1.
2.
3.
4.
5.
6.
7.
8.
9.

第三单元　理所应当

第一题：从所给的词中选择你听到的。

（1—5）狡猾　天真　自愿　诗人　正好　全面　话题　禁止

（6—10）想像　场所　培养　谈论　描写　讽刺　服装　评语

第二题：下面是 10 个句子，分成 5 组。每组的两个句子中有一个相同的词组，听完后用汉语拼音写出这个词组。

甲组中相同的词组是 _____。

乙组中相同的词组是 _____。

丙组中相同的词组是 _____。

丁组中相同的词组是 _____。

戊组中相同的词组是 _____。

第三题：你将听到一个句子的前半部分，从 A 和 B 中选择一个，组成一个完整的句子。

1.（A 真讨厌！　　　　　B 也没什么。）

2.（A 别说了，　　　　　B 再说了，）

3.（A 不必大惊小怪。　　B 真是有意思。）

4.（A 你到底是什么意思？　B 你在干什么呀？）

5.（A 没什么意思。　　　B 我真无聊。）

6.（A 我想说的是，　　　B 我觉得没错儿，）

7.（A 我觉得是理所应当的。　B 我怎么不知道？）

8.（A 我只是提一个建议。　B 我可以这样讲。）

9.（A 我的想法是什么。　　B 该怎么说。）

10.（A 毫无疑问是正确的。　B 是很无聊的。）

11.（A 真辛苦。　　　　　B 真幸福。）

第四题：听对话，回答问题。

1. A. 不是一个烟民。　　　　B. 已经不抽烟了。
　　C. 正在努力戒烟。　　　　D. 是第一次戒烟。

2. A. 女说话人。　　　　　　B. 男说话人。
　　C. 公交车售票员。　　　　D. 男的碰见的人。

3. A. 都非常有名。　　　　　B. 一起上过课。
　　C. 想去看画展。　　　　　D. 都不会画画。

4. A. 参加了一个面试。　　　B. 成绩排在第三。
　　C. 他的成绩最差。　　　　D. 被公司录取了。

5. A. 男的是服装售货员。　　B. 女的是服装设计师。
　　C. 他们的服装不太好。　　D. 女的帮过他的忙。

第五题：听短文，回答问题。

1.

2.

3.

4.

5.

6.

第四单元 一字之差

第一题：从所给的词中选择你听到的。

(1-5) 发育　倒霉　挫折　之外　裁判　委屈　袖子　打交道

(6-10) 费力　无知　黄金　体操　教练　浑身　认可　开心

第二题：下面是 10 个句子，分成 5 组。每组的两个句子中有一个相同的词组，听完后用汉语拼音写出这个词组。

甲组中相同的词组是 _____。

乙组中相同的词组是 _____。

丙组中相同的词组是 _____。

丁组中相同的词组是 _____。

戊组中相同的词组是 _____。

第三题：　你将听到一个句子的一部分，从 A 和 B 中选择一个，组成一个完整的句子。

1.（A 真气人！　　　　　　B 真倒霉！）

2.（A 要我说　　　　　　　B 要不然）

3.（A 什么事让你这么生气呀？　B 你做了什么了？）

4.（A 你真会做梦。　　　　　B 你就别拿我开心了！）

5.（A 让人忍不住发笑。　　　B 让人非常伤心。）

6.（A 当然不是件容易的事。　B 浑身上下怎么了？）

7.（A 你什么呀！　　　　　　B 我比你更惨！）

8.（A 不要委屈我。　　　　　B 给我最后一次机会。）

9.（A 我告诉你一件事，　　　B 据说是这样讲的，）

10.（A 有天壤之别。　　　　　B 一切向前看。）

第四题：听对话，回答问题。

1. A 对工作的感受。　　　　B 对金钱的态度。
   C 感兴趣的事情。　　　　D 怎样和钱打交道。

2. A 听不明白。　　　　　　B 内容简单。
   C 不太好听。　　　　　　D 应该排第一。

3. A 主持人。　　　　　　　B 播出时间。
   C 节目内容。　　　　　　D 播出频道。

4. A 喜欢雨天出去玩。　　　B 经常晴天带雨伞。
   C 不相信天气预报。　　　D 想和女的去野餐。

5. A 完成学业。　　　　　　B 培养孩子。
   C 坚持训练。　　　　　　D 做兼职教练。

6. A 正在准备考研究生。　　B 现在生活得很幸福。
   C 开了一家自己的公司。　D 总是遇到倒霉的事情。

第五题：听短文，回答问题。

1.

2.

3.

4.

第五单元　见仁见智

第一题：从所给的词中选择你听到的。

(1-5) 主持　运气　干脆　而已　精神　深夜　保证　困

(6-10) 表情　捣乱　心理　照样　一律　难得　危机　圈子

第二题：下面是 10 个句子，分成 5 组。每组的两个句子中有一个相同的词组，听完后用汉语拼音写出这个词组。

甲组中相同的词组是 _____。

乙组中相同的词组是 _____。

丙组中相同的词组是 _____。

丁组中相同的词组是 _____。

戊组中相同的词组是 _____。

第三题：你将听到一个句子的一部分，请从 A 和 B 中选择一个，组成一个完整的句子。

1. （A 我最烦的就是他。　　B 他非常无聊。）

2. （A 真是不可思议。　　　B 就能把你的肚子笑破。）

3. （A 我怎么没感觉到？　　B 她的运气真不错。）

4. （A 是真的吗？　　　　　B 别捣乱，）

5. （A 多难得呀！　　　　　B 越多越好。）

6. （A 别提有多高兴了！　　B 真是一件有意思的事。）

7. （A 你说的我都赞成。　　B 就算你说的对，）

8. （A 不由得笑了起来。　　B 真是好玩极了。）

9. （A 这只能说明，　　　　B 这样一想，）

10. （A 好不容易，　　　　　B 比较轻松，）

第四题：听录音，判断正误。

    1. A 所有的体育比赛男的都喜欢看。

       B 现在正在进行羽毛球比赛。

    2. A 女的每天都学习到深夜。

       B 女的昨天深夜两点还没有睡觉。

    3. A 小张的朋友王永经常去娱乐场所。

       B 说话人是在一个娱乐场所讲话的。

    4. A 李明在这次比赛中取得了胜利。

       B 说话人觉得李明的水平不够好。

    5. A 高风是一个很严肃的人。

       B 高风今天表现得很幽默。

    6. A 王平是一个说到就能做到的人。

       B 很多人都不相信王平的保证了。

第五题：听短文，回答问题。

    1.

    2.

    3.

    4.

    5.

第六单元 谈天说地

第一题：从所给的词中选择你听到的。

　　（1-5）　野生　平坦　基地　还原　保存　细胞　逼

　　（6-10）列举　按时　攀登　神秘　市民　布置　冷冻

第二题：下面是 10 个句子，分成 5 组。每组的两个句子中有一
　　　　个相同的词组，听完后用汉语拼音写出这个词组。

　　甲组中相同的词组是 _____。

　　乙组中相同的词组是 _____。

　　丙组中相同的词组是 _____。

　　丁组中相同的词组是 _____。

　　戊组中相同的词组是 _____。

第三题：你将听到一个句子的一部分，从 A 和 B 中选择一个，
　　　　组成一个完整的句子。

　　1.（A 那种感觉真的很棒！　　　　B 你会觉得自己很了不起。）

　　2.（A 我还是愿意去努力。　　　　B 这是我的信念。）

　　3.（A 与此相应的是，　　　　　　B 还有一个特别的原因，）

　　4.（A 你就别做梦了。　　　　　　B 这当然是好的。）

　　5.（A 对我来说，　　　　　　　　B 我个人的看法是，）

　　6.（A 这不是解决问题的根本办法。B 这当然是最好的。）

　　7.（A 我再强调一下。　　　　　　B 我非常喜爱。）

　　8.（A 基本上，　　　　　　　　　B 事实上，）

　　9.（A 在我看来，　　　　　　　　B 这是不可能的，）

　　10.（A 还给别人吧。　　　　　　 B 你看能用吗？）

第四题：听短文，回答问题。

    1.

    2.

    3.

    4.

    5.

    6.

第七单元　从善如流

第一题：从所给的词中选择你听到的。

(1-6)　引用　名次　出差　起点　谦虚　用功　制定

(7-12)　猜测　暗示　啰嗦　思维　启发　羡慕　似乎

第二题：下面是 10 个句子，分成 5 组。每组的两个句子中有一
　　　　个相同的词组，听完后用汉语拼音写出这个词组。

甲组中相同的词组是_____。

乙组中相同的词组是_____。

丙组中相同的词组是_____。

丁组中相同的词组是_____。

戊组中相同的词组是_____。

第三题：你将听到一个句子的一部分，从 A 和 B 中选择一个，
　　　　组成一个完整的句子。

1. (A 真让人伤心。　　　　　B 我真羡慕你。)

2. (A 有自知之明。　　　　　B 直截了当。)

3. (A 让我看看吧。　　　　　B 你怎么说？)

4. (A 一向都是如此，　　　　B 怎么样？)

5. (A 这么谦虚啊！　　　　　B 这是很可笑的。)

6. (A 没错儿。　　　　　　　B 挺不错的呀。)

7. (A 不要紧，　　　　　　　B 算了吧，)

8. (A 这么说，　　　　　　　B 问题是，)

9. (A 简单地说，　　　　　　B 我的建议是，)

10. (A 我忘了。　　　　　　　B 我的话讲完了。)

11. (A 听人劝，吃饱饭。　　　B 山外有山，人外有人。)

12. (A 情况可能特殊一些。　　B 自我感觉非常良好。)

第四题：听录音，回答问题。

1. A 她学习很用功。　　　B 她考得非常好。
　 C 男的没有说错。　　　D 不能相信李刚。

2. A 文章是老师要求看的。　B 男的觉得文章很有用。
　 C 两人都觉得例子很好。　D 女的觉得文章不太好。

3. A 有点无聊。　　　　　B 比较幽默。
　 C 没有道理。　　　　　D 是在胡说。

4. A 散步。　　　　　　　B 睡觉。
　 C 听音乐。　　　　　　D 买东西。

5. A 男的名次很不错。　　B 男的水平挺高的。
　 C 水平高的人很多。　　D 有的人喜欢登山。

6. A 老师的专业知识。　　B 学生对老师的期望。
　 C 师生之间的关系。　　D 老师的教学方法。

第五题：听短文，回答后面的问题。

1.

2.
颜色	性格特点
红	积极、乐观
绿	内向
黄	开朗、单纯
黑	活泼
白	坚定

3.

第八单元　能言善辩

第一题：从所给词中选择你听到的。

(1-6)　毫无　请教　搜索　保管　时髦　引进　纯粹　语言学家

(7-12)　简称　当中　尊重　地道　惯例　辩论　双方　约定俗成

第二题：下面是 10 个句子，分成 5 组。每组的两个句子中有一个相同的词组，听完后用汉语拼音写出这个词组。

甲组中相同的词组是 ＿＿＿＿＿＿＿＿＿＿＿＿＿。

乙组中相同的词组是 ＿＿＿＿＿＿＿＿＿＿＿＿＿。

丙组中相同的词组是 ＿＿＿＿＿＿＿＿＿＿＿＿＿。

丁组中相同的词组是 ＿＿＿＿＿＿＿＿＿＿＿＿＿。

戊组中相同的词组是 ＿＿＿＿＿＿＿＿＿＿＿＿＿。

第三题：你将听到一个句子的一部分，从 A 和 B 中选择一个，组成一个完整的句子。

1.（A 你怎么了？　　　　B 你别开玩笑了。）

2.（A 你听说过没有？　　B 我来介绍一下。）

3.（A 太搞笑了！　　　　B 真是时髦！）

4.（A 你眼光不错嘛，　　B 你猜为什么？）

5.（A 能把你笑死！　　　B 有思想，有深度。）

6.（A 挺精彩的。　　　　B 不骗你。）

7.（A 我很失望。　　　　B 这怎么可能呢？）

8.（A 总得说出点原因吧。B 这就够了。）

9.（A 习惯成自然呀。　　B 太阳从西边出来了。）

10.（A 再说了，　　　　　B 就是说，）

11.（A 今天是怎么了？　　B 您给我举一个简单的例子吧。）

12.（A 那我问你，　　　　B 我跟你说，）

第四题：听对话,选择正确答案。

1. A 和男的是同事。   B 很想当总经理。
   C 和女的是同学。   D 是一位男士。

2. A 眼光很不错。   B 嘴皮子很快。
   C 很会讲价钱。   D 经常帮别人。

3. A 自己很喜欢看。   B 男朋友要她看。
   C 很想了解比赛。   D 在家闲着没事。

4. A 钥匙不见了。   B 中午都有课。
   C 喜欢讲笑话。   D 最近很糊涂。

5. A 不喜欢看。   B 不想去看。
   C 没买到票。   D 没有时间。

第五题：听短文,回答问题。

1.

2.

3.

4.

第九单元 孤掌难鸣

第一题： 从所给词中选择你听到的。

(1-6) 构成 绘画 比喻 律师 头脑敏捷 高中 赞美 再三

(7-12) 简直 灰心 成语 悲观 九牛一毛 接近 胃口 无比

第二题： 下面是 10 个句子, 分成 5 组。每组的两个句子中有一个相同的词组, 听完后用汉语拼音写出这个词组。

甲组中相同的词组是 _____。

乙组中相同的词组是 _____。

丙组中相同的词组是 _____。

丁组中相同的词组是 _____。

戊组中相同的词组是 _____。

第三题： 你将听到一个句子的一部分, 从 A 和 B 中选择一个, 组成一个完整的句子。

1.（A 讲了不是很奇怪吗？　　B 讲多少遍也是白讲。）

2.（A 你也没办法。　　B 倒是不错。）

3.（A 我简直太笨了！　　B 我怎么就不用心呢？）

4.（A 却似乎没有什么道理。　　B 我一下子就记住了。）

5.（A 别灰心！　　B 你应该高兴才对！）

6.（A 对于我来说，　　B 这个例子说明，）

7.（A 说的是，　　B 理由是，）

8.（A 比如，　　B 再比如，）

9.（A 事实上，　　B 拿这一点来说，）

10.（A 大家都知道的　　B 我最近发现的）

11.（A 一句话也说不出来。　　B 就不是那么回事了。）

第四题：听录音，判断正误。

    1. A 小海学习很用心。

       B 说话人的孩子在绘画比赛中得过奖。

    2. A 男的和女朋友分手是因为两人性格不合。

       B 女的觉得男的不应该和女朋友分手。

    3. A 女的很喜欢写作，是一个作家。

       B 男的是她的第一个读者。

    4. A 男的经常下班以后不回家。

       B 男的和他爱人都不愿意回家做饭。

    5. A 男的很喜欢李雯。

       B 女的觉得李雯不喜欢男的很奇怪。

    6. A 男的一共邀请了三次。

       B 小刘没有来，男的很生气。

第五题：听短文，回答问题。

    1.

    2.

    3.

    4.

第十单元 开卷有益

第一题：从所给词中选择你听到的。

（1-6）类似 本身 评论 视野 巧妙 偏见 充实 甚至

（7-12）引起 相当 显示 固定 语文 限制 关键 命题

第二题：下面是10个句子，分成5组。每组的两个句子中有一个相同的词组，听完后用汉语拼音写出这个词组。

甲组中相同的词组是 _____。

乙组中相同的词组是 _____。

丙组中相同的词组是 _____。

丁组中相同的词组是 _____。

戊组中相同的词组是 _____。

第三题：听句子，根据录音填空，想一想所填的内容在表达个人观点时有什么作用。

1. 研究人员读书，_____，首先要系统，其次要深入。

2. 作家读书，_____，在"系统""深入"这两点上和研究人员都有不同。

3. _____ 一个作家有系统地读书。

4. _____，这就好比是问，对你的身体影响最大的是哪一顿饭？

5. _____ 咱们最好不要去搞这种排行榜，让我也轻松轻松。

6. 我确实是有自己的方法，但是不是秘诀 _____。

7. 我的办法对贵刊老年读者是不是有帮助 _____。

8. 你最好多看点儿文献，再和导师谈谈，当然，_____。

9. 对于你提出的价钱比较贵的问题，_____，贵的东西质量都比较好。

10. 说实话，_____ 她这样做，我觉得太浪费时间了。

11. 对于学习，_____ 自己喜欢什么就学什么，想什么时候学就什么时候学。

12. 多说多练才能提高汉语水平，_____。

第四题：听录音，回答问题。

1.

2.

3.

4.

5.

6.

第五题：听短文，判断正误。

1. 何成认识王静至少有两年了。

2. 何成是自愿给王静写信的。

3. 何成写完信就立刻交给了王静。

4. 何成交给王静的是一百块钱。

5. 她最喜欢做的事情是逛街。

6. 她从来都不逛书店。

7. 她觉得自己选衣服的眼光不怎么样。

8. 她每次逛街都要买东西。

9. 她通常在节假日的时候买衣服。

单元练习参考答案

说明：参考答案不包括"跟读句子"、"讨论观点"、"记住录音中的句子"等题型的答案。这些或者可以在《文本》中找到原句，或者是很明显的开放型题目。

第一单元　士别三日

课文一　您还是老眼光

第一题

　　4. 新学期的打算。

第二题

　　1. C 丽江。　　　　　　2. B 三个星期。

　　3. D 说的机会很多。　　4. D 喜欢在雨中散步。

　　5. C 女的汉语水平不高。

课文二　真是想不到

第一题

　　1. 羽毛球比赛的胜负。

第二题

　　A. 误　B. 正　C. 误　D. 误　E. 误　F. 误　G. 正　H. 正

语言练习

第一题

1. B 兴奋。 　　　　　　　　2. B 球赛。

3. B 医生。 　　　　　　　　4. D 画画儿。

5. A 一本小说。 　　　　　　6. D 准备考试。

7. C 教师。 　　　　　　　　8. C 记者。

9. B 朋友。 　　　　　　　　10. C 有一个弟弟。

11. B 走了冤枉路。 　　　　　12. D 买衣服。

课文三　士别三日

第一题

1. "士别三日"这个成语是从吕蒙读书的故事中来的。

2. 读书是改变自己命运的一种方法,通过读书可以改变自己的生活状况,提高自己的生活质量。

第二单元　百思不解

课文一　搞不明白

第一题

3. 什么事让人奇怪。

第二题

1. A 现在在中国很流行。 　　2. B 男的认为很多事很奇怪。

3. C 不值得相信。 　　　　　4. D 不让男的再说了。

课文二　你越说我越头疼

第一题

3. 听了不感兴趣的事情。

第二题

　　A. 误　B. 误　C. 误　D. 误　E. 正　F. 误　G. 误　H. 正

语言练习

第一题

　　1. C 称赞。　　　　　　　　2. C 有点伤心。

　　3. C 做作业。　　　　　　　4. D 有很多秘密。

　　5. C 赶快吃药。　　　　　　6. D 上网。

　　7. C 有所怀疑。　　　　　　8. D 假期打算。

　　9. A 年龄。　　　　　　　10. A 时间。

　　11. D 很方便。　　　　　　12. B 很有兴趣。

课文三　百思不解

1. 对于作曲家来说,创作乐曲其实是最自然的事,就像吃饭和睡觉一样,这是作曲家生来就应该做的事情。

　　对于普通人来说,作曲家是一个神秘人物,他是从哪里开始创作的,他怎么能持续地写下去,这些都是"搞不明白"。很多人也认为,作曲家必须有灵感才能进行创作。

2. 人类的知识越来越丰富,科学技术越来越发达,生活更是越来越方便,但是,让普通人百思不解的问题也越来越多。也就是"知其然,不知其所以然"。

3. 既然不知道答案,干脆连问也不问。既然百思不解,干脆就停止思考。

第三单元　理所应当

课文一　世界无烟日

第一题

　　3. 该不该抽烟。

第二题

1. 有人抽烟。

2. 女的觉得"世界无烟日"不能抽烟。

3. 不是,因为他不喜欢烟草的味道。

4. 两个。爱尔兰和挪威。

5. 不会,男的只是开个玩笑。(可以有自己的理解)

课文二　爱的教育

第一题

1. 舞蹈训练的方法。

第二题

1. D 不关心社会问题。　　　　2. C 一位作家。

3. C 认为都有道理。　　　　4. A 要回答哥哥的问题。

5. D 不太高兴。

语言练习

第一题

1. 一致	2. 不一致	3. 一致	4. 不一致
5. 不一致	6. 一致	7. 一致	8. 一致
9. 不一致	10. 不一致	11. 不一致	12. 不一致

课文三　两个问题

1. 第一个是关于技术开发的问题。应该注意从用户的角度去考虑问题,要让技术适应用户,而不是用户来适应技术。

第二个问题是用人方面的。用人的时候,不能只考虑跟自己意见一样的人,不能只考虑自己的朋友。

2. 听话人可能是公司的部门经理。说话人和听话人可能是领导和下属的关系。

第四单元　一字之差

课文一　黄金和黄土

第一题

5. 网络的方便之处。

第二题

A. 误　B. 正　C. 误　D. 正　E. 误　F. 误　G. 误　H. 误　I. 误

课文二　体操生涯

第一题

3. 练体操的经历。

第二题

1. B 难忘。　　　　　　　　　2. D 觉得穿上不好看。

3. D 21 岁最后一次参加奥运会。　4. B 自己觉得委屈。

语言练习

第一题

1. B 工作很轻松。　　　　　　2. D 已经退休了。

3. D 球队成绩不好。　　　　　4. C 中奖的可能性很小。

5. C 一个成语。　　　　　　　6. B 考古。

7. A 同情。　　　　　　　　　8. B 上网搜。

9. D 不会培养人。　　　　　　10. C 梦想实现了。

11. C 衣服的袖子不够长。　　　12. A 写报告。

课文三　读书识字

1. 故事里的孩子已经懂得了在学校里要读书,但还不明白"学会读书"正是上学的目的,而不是条件。所以,他的回答让人觉得可笑。

2. 中央电视台的主持人每读错一个字要罚款 50 元。

某县有位教育局长因读错字被调查,发现他不但文化水平差,而且还犯有贪污罪,最后被有关部门送进了监狱。

3. 把"昆明四季如春"读成"昆明司机愚蠢"。

把"中国人民银行"读成"中国人民很行(xíng)"。

把"一切向前看"说成"一切向钱看,一切向人民币看"。

第五单元 见仁见智

课文一 美丽的错误

第一题

4. 对解说员的看法。

第二题

A. 误 B. 正 C. 正 D. 误 E. 误 F. 正 G. 误 H. 误 I. 正

第四题

特点	适合当主持人	不适合当主持人
1.	+	
2.		+
3.		+
4.	+	
5.	+	

课文二 心理测验

第一题

3. 他们经常做心理测验。

第二题

1.

A	B	C	D
装作不知道,照样吃	出去买一包新的	干脆睡觉,不吃了	不吃面了,找别的东西吃

2. 她觉得很有意思,特别是对方的表情,好玩极了。

3. 如果测验中正好有希望的东西,他就感兴趣。

语言练习

第一题

1. A 学习一直很努力。

2. B 喜欢。

3. C 要正确看待中奖。

4. B 70元。

5. D 晚上睡不好。

6. C 音乐。

7. B 宿舍。

8. B 赚钱很多。

9. D 做事特别执著。

10. C 去散步。

11. B 球迷很烦开心队。

12. B 孩子说话的特点。

课文三　请绕行

第一题

路牌背面写着"欢迎你回来,笨蛋!",他看了以后知道自己既不是第一个笨蛋,也不是最后一个笨蛋,这样一想,觉得这个路牌写得很幽默,就不由得笑了起来。

第六单元　谈天说地

课文一　因为山在那里

第一题

3. 登山运动。

第二题

1. B 登山是一种很好的健身方式。　　2. B 要去青海登山。

3. A 觉得自己了不起。　　4. D 对登山有兴趣。

5. C 男的因喜欢登山而改了名。

课文二　生物濒临灭绝

第一题

2. 商量怎么做作业。

第二题

1. C 非常无聊。

2. 先列举材料说明情况，再说明原因，最后指出解决办法。

3. B 指出人类能做的事情。　　4. D 泰国大象。

5. B 作业的结尾。　　6. D 赵老师要求很严格。

语言练习

第一题

1. D 十分辛苦。　　2. C 家里。

3. D 几天以后。　　4. B 新经理怎么样。

5. C 看报纸。　　6. D 要保存有用的资料。

7. C 觉得自己唱得难听。　　8. B 效果还不太确定。

9. D 记者和运动员。　　10. A 王经理有什么爱好。

11. C 想做一个普通的人。　　12. C 女的生活在城市里。

课文三　气候和人类文明

1. 赵老师谈的主要问题是气候和人类文明之间的关系。
   他对这个问题的看法是：人类文明归根到底是地球气候的产物，在人类进化过程中，几乎每一个重大转折点都是由气候决定的。

2. 他认为人类永远不可能做对其它事物不发生影响的事。

3. 他认为人类文明的发展对气候的影响是不可避免的，但是影响的程度、影响的速度却是可以改变的。他把骑自行车当成他个人对地球应尽的义务。

第七单元　从善如流

课文一　自知之明

第一题

2. 没有得到期望的分数。

第二题

1. A 现代诗歌。　　　　　　　2. D 男的觉得很满意。

3. B 语句简练。　　　　　　　4. D 有一位好老师。

5. 我摘下帽子。

课文二　竞争没有国界

第一题

1. 一封给大学生的信。

第二题

A. 正　B. 正　C. 误　D. 正　E. 正　F. 正　G. 误　H. 误　I. 正

语言练习

第一题

1. C 正准备考博士。　　　　　2. D 只想找一个好工作。

3. D 特别谦虚。　　　　　　　4. A 平时非常用功。

5. C 查阅文献。　　　　　　　6. B 赛后的感想。

7. D 内容深刻。　　　　　　　8. A 没能参加比赛。

9. D 你别开我的玩笑了。　　　10. A 沟通方式。

11. A 有点伤心。　　　　　　　12. D 挣钱比较多。

课文三　三句话

第二题

1. 说话人认为深圳人心理压力的原因有两个。

   首先,深圳是一个移民城市,移民背井离乡,常常是独自一人到一个陌生的城市,环境不熟悉,生活不稳定,心理就容易失去平衡。

   其次,深圳经济发达,深圳人常常接触香港、澳门以及西方的各种观念,文化冲突明显,人的思想就容易迷失方向。

2. 说话人建议大家学会三句话。

   第一句:"算了"。

   第二句:"不要紧"。

   第三句:"会过去的"。

第八单元　能言善辩

课文一　习惯成自然

第一题

1. 语言有没有道理。

第二题

1. B 他对老师的回答不满意。　　2. D 喜欢和老师开玩笑。

3. A 学汉语不问为什么。　　4. B 男的请女的吃饭。

5. B 一起去吃饭。

课文二　宽进严出还是严进宽出?

第一题

1. 辩论比赛。

第二题

A. 误　B. 误　C. 正　D. 误　E. 误　F. 正　G. 正　H. 正　I. 误　J. 误

语言练习

第一题

1. B 善于和人辩论。　　　　2. A 喜欢演讲。

3. C 简称的特点。　　　　　4. D 讨论一种现象。

5. D 男的同意女的观点。　　6. C 试了的就必须买。

7. B 大学同学。　　　　　　8. C 认为女性不该请。

9. A 自己不喜欢。　　　　　10. D 女的非常喜欢。

11. A 女性的穿着。　　　　　12. B 想成为有钱人。

13. A 讲解一个问题。

课文三　脑筋急转弯

1. "脑筋急转弯儿"是一种问答题目。
   它的特点是：回答时，必须超越日常思维的习惯，从一个新的角度来理解问题。就是说，脑筋要转一个弯儿。否则，或者一答就错，或者根本不知道该怎么回答。
2. 说话人谈到了三种题目：幽默的题目；需要具有一定科学知识的题目；跟语言有关的题目。
   说话人最感兴趣的是跟语言有关的题目。

第九单元　孤掌难鸣

课文一　三姐妹

第一题

3. 孩子的培养教育。

第二题

1. C 摄影。　　　　　　　　2. C 和自己妈妈一样。

3. D 觉得数学很重要。　　　4. A 心情不愉快。

5. A 都对孩子不满意。

课文二　镜花水月

第一题

4. 不知道怎么找女朋友。

第二题

1. D 用了有意思的成语。　　　　2. D 百思不解，约定俗成。

3. D 想研究汉语的比喻。　　　　4. C 见到美女时。

5. D 长得好看。

语言练习

第一题

1. D 身体状况不太好。　　　　2. C 母子。

3. B 饭店。　　　　　　　　　4. A 新经理的特点。

5. D 用心做事最重要。　　　　6. B 长得不太好。

7. A 一个成语。　　　　　　　8. A 说出她的理由。

9. D 人是世上最聪明的。　　　10. A 一部电影。

11. A 考大学的经历。　　　　　12. D 语言优美对诗歌很重要。

课文三　瘦猴和笨猪

第一题

1. 因为学习汉语的比喻可以有很多收获,特别重要的是,能够了解很多有意思的文化现象。

2. 说话人最关心的是汉语跟英语不同的地方。
   说话人是从"很容易理解"的和"似乎没有什么道理"的两个方面通过例子来说明的。

3. 是通过美国人不愿意用响尾蛇代替国徽上的白头鹰的例子来说明的。

第十单元　开卷有益

课文一　读书答问

第一题

记者问了她四个问题,她回答了三个。

第二题

	特点	原因
研究人员读书	1. 要系统。 2. 要深入。	
作家读书	1.应该有自己的风格,甚至是偏见。	
叶松的读书方法	1. "不求甚解"。 2. 细心比较。	

课文二　题目

第一题

3. 题目很重要,也不容易确定。

第二题

1. A 透露文章的某些信息。　　2. B 多年后还记得书的名字。

3. A 文中没有具体说明。　　4. C 偶尔一用还行。

5. B 比较支持。　　6. C 要求朋友出题。

语言练习

第一题

1. D 常常没有什么效果。　　2. A 刚开始时不能太容易。

3. C 小杨的老师。　　4. C 改变起来很容易。

5. C 小说的有些描写非常巧妙。　　6. A 刘若英要开演唱会。

7. B 自己的情绪变化。　　8. A 固定的方法。

9. D 学习不是很好。　　10. A 不应该让中小学生看。

11. D 能开阔视野。　　　　　　　　12. B 产品的名称。

课文三　为什么读书？

第一题

1. 孩子读书是为了学会读书。
　　成人读书是因为工作的需要。

2. 在说话人看来,理想的读书应该是我们精神生活的一种需要。读书不再是为了完成某项任务,而完全是因为书籍本身的乐趣吸引了我们。

课外作业参考答案

第一单元　士别三日

第一题

1. 记得　　2. 学期、落后、进步　　3. 本来、局、真是、可惜　　4. 假期、装修

5. 记者　　6. 飞快　　7. 领先　　8. 其实、眼光

9. 稳定　　10. 羽毛球、状态　　11. 冤枉　　12. 好奇、可惜

第二题

甲组：悠闲自得　　　　yōuxián-zìdé

乙组：物价稳定　　　　wùjià-wěndìng

丙组：世界眼光　　　　shìjiè-yǎnguāng

丁组：工作状态　　　　gōngzuò-zhuàngtài

戊组：不甘落后　　　　bùgānluòhòu

第三题

1. A 你还记得我吗？　　　　2. B 感觉真实棒极了！

3. B 真是没想到！　　　　　4. A 可那都是以前的事了。

5. B 跟以前完全不一样了。　6. A 别忘了。

7. A 左耳朵进,右耳朵出。　8. B 不过如此。

9. A 有好奇心。　　　　　　10. B 进步飞快呀！

11. A 真可惜！

第四题

1. 没有太大的信心。因为说话人觉得上班以后天天在办公室呆着,几乎不怎么活动,体育运动方面已经没什么水平了。

2. 说话人最怕别人问的就是"你的爱好是什么"这个问题。
   因为说话人自己没什么好奇心,没有什么特别的爱好。

3. 填表填"爱好"一栏时让说话人觉得左右为难。因为填别的就相当于欺骗，填"睡觉"自己又觉得不合适。

4. 他的记忆力没有以前好了，通常是前一分钟还记得的东西，下一分钟就忘了。

5. 现在不觉得自己得病了，因为他发现自己的同事也经常有同样的问题。

6. 学生根据自己的情况回答。

7. 因为她觉得电影的故事情节吸引人，演员服装很漂亮，再加上场景和背景音乐，给人的完全是一种美的享受。

8. 她喜欢里边的三个主要演员。

9. 她的朋友觉得电影不过如此，他看不出好在哪儿。

第二单元　百思不解

第一题

1. 真是	2. 治疗、有效、药物	3. 玫瑰	4. 恢复
5. 神秘	6. 导演	7. 开发	8. 大脑
9. 区域	10. 疾病、治疗、肯定	11. 揭开	

第二题

甲组：导演系　　　　　　dǎoyǎn xì

乙组：神秘莫测　　　　　shénmìmòcè

丙组：感慨万分　　　　　gǎnkǎi-wànfēn

丁组：胡说八道　　　　　húshuōbādào

戊组：方便有效　　　　　fāngbiàn-yǒuxiào

第三题

1. A 真是够奇怪的。　　　　2. B 越来越流行。

3. A 为失败的人准备的。　　4. B 其实很简单。

5. A 说点别的吧。　　　　　6. B 多自然的事呀。

7. A 看都不看一眼。　　　　8. A 这其实是一种误解。

9. A 你说说看。　　　　　　10. B 总是让我头疼。

11. A 比如说，

第四题

1. 误　2. 误　　3. 误　　4. 误　　5. 正　　6. 误

第五题

1. "不是我不明白,这世界变化快"。

2. 女人的衣服越来越短,而男人的头发却越来越长。

3. 她女儿让买她自己觉得最难看的裙子。因为她女儿觉得她是老眼光,思想落后。也许她觉得最难看的,就是现在最流行的。

4. 夫妻"AA制"就是夫妻双方采取平均分担的方式,来处理婚姻关系中与钱有关的问题。

5. "亲爱的,我们结婚吧,但是让我们 AA 制。"

6. 中国人的经济观念已经发生了很大的变化。

7. 对于相同的东西人们会有完全不同的看法。

8. 因为她姐姐对电影的评价特别高,说摄影技术是最好的,演员表演是最棒的,电影场景是最漂亮的,背景音乐是最美的。

9. 中国最没有意思的一部电影。

第三单元　理所应当

第一题

1. 禁止　　2. 狡猾　　3. 自愿　　4. 话题　　5. 正好

6. 谈论　　7. 想像　　8. 服装　　9. 描写　　10. 讽刺

第二题

甲组：人才培养　　　　réncái-péiyǎng

乙组：超乎想像　　　　chāohūxiǎngxiàng

丙组：全面发展　　　　quánmiàn-fāzhǎn

丁组：公共场所　　　　gōnggòng-chǎngsuǒ

戊组：毫无疑问　　　　háowúyíwèn

第三题

1. A 真讨厌!　　　　　2. B 再说了,

3. A 不必大惊小怪。　　4. A 你到底是什么意思?

5. A 没什么意思。　　　6. A 我想说的是，

7. B 我怎么不知道？　　　8. A 我只是提一个建议。

9. B 该怎么说。　　　　10. A 毫无疑问是正确的。

11. B 真幸福。

第四题

1. C 正在努力戒烟。　　　2. D 男的碰见的人。

3. B 一起上过课。　　　　4. D 被公司录取了。

5. D 女的帮过男的忙。

第五题

1. 和孩子们在一起，尤其是孩子用天真的语言表达他们天真的想法的时候。

2. 他说：大人们常说"笑一笑，十年少"，我还没十岁呢，再一笑不就没了吗？

3. "菜鸟"是指对电脑几乎什么都不懂的人。

4. 通过反复地中毒和杀毒，他慢慢地了解了很多电脑知识，积累了很多解决问题的办法，变成了电脑高手。

5. 最好的办法是让电脑中毒。

第四单元　一字之差

第一题

1. 打交道　　2. 倒霉　　3. 袖子　　4. 挫折　　5. 裁判

6. 开心　　7. 体操　　8. 费力　　9. 教练　　10. 黄金

第二题

甲组：毫不费力　　　háobùfèilì

乙组：天壤之别　　　tiānrǎngzhībié

丙组：浑身上下　　　húnshēn-shàngxià

丁组：一致认可　　　yízhì-rènkě

戊组：成长发育　　　chéngzhǎng-fāyù

第三题

1. A 真气人！　　　　2. B 要不然

3. A 什么事让你这么生气呀？　　4. B 你就别拿我开心了！

5. A 让人忍不住发笑。　　6. A 当然不是件容易的事。

7. B 我比你更惨！　　8. B 给我最后一次机会。

9. A 我告诉你一件事，　　10. B 一切向前看。

第四题

1. A 对工作的感受。　　2. C 不太好听。

3. C 节目内容。　　4. C 不相信天气预报。

5. C 坚持训练。　　6. B 现在生活得很开心。

第五题

1. 学语言一定要学准确，说明白，这样才能达到学习的目的。
2. 学了热门专业将来比较容易找到好工作，工资也会很高。
3. 说话人最想上的是考古专业，因为对考古感兴趣。
4. 自由发挥。

第五单元　见仁见智

第一题

1. 困　　2. 保证　　3. 主持　　4. 而已　　5. 运气

6. 心理、危机　　7. 表情　　8. 圈子　　9. 捣乱　　10. 照样

第二题

甲组：幽默风趣　　yōumò-fēngqù

乙组：敬业精神　　jìngyè-jīngshen

丙组：心理素质　　xīnlǐ-sùzhì

丁组：机会难得　　jīhuì-nándé

戊组：干脆利落　　gāncuì-lìluò

第三题

1. A 我最烦的就是他。　　2. B 就能把你的肚子笑破。

3. A 我怎么没感觉到？　　4. A 是真的吗？

5. B 越多越好。　　6. A 别提有多高兴了！

7. B 就算你说的对。　　　　8. A 不由得笑了起来。

9. A 这只能说明，　　　　10. A 好不容易，

第四题

1. A 误　B 正　　　　　　2. A 误　B 正

3. A 正　B 正　　　　　　4. A 误　B 误

5. A 误　B 误　　　　　　6. A 误　B 正

第五题

1. 是偷他们东西的人寄的。

2. 因为手机装在口袋里，不在包里。

3. 说话人心里一直特别难过，觉得自己是天底下最倒霉的人。

4. 王先生的房子很大也很漂亮，只是房子四周有很多死人的坟墓。

5. 人的心情是由看待事物的态度决定的，选择乐观态度，就会心情快乐；选择悲观态度，就会心情悲伤。

第六单元　谈天说地

第一题

| 1. 基地 | 2. 野生 | 3. 逼 | 4. 保存 | 5. 平坦 |
| 6. 神秘 | 7. 列举 | 8. 布置 | 9. 按时 | 10. 市民 |

第二题

甲组：奋勇攀登　　　fènyǒng-pāndēng

乙组：无所畏惧　　　wúsuǒ-wèijù

丙组：无比自豪　　　wúbǐzìháo

丁组：令人吃惊　　　lìngrénchījīng

戊组：事实上　　　shìshí shàng

第三题

1. A 那种感觉真的很棒！　　　2. A 我还是愿意去努力。

3. B 还有一个特别的原因，　　4. A 你就别做梦了。

5. B 我个人的看法是，　　　　6. B 这当然是最好的。

7. A 我再强调一下。　　　　8. B 事实上，

9. A 在我看来，　　　　　　10. B 你看能用吗？

第四题

1. 不是真的。因为数学老师经常请假，所以朋友的孩子才说自己喜欢数学的。

2. 以前，人们习惯在星期六星期天休息。现在，很多人需要休息的是星期一。因为汽车多了以后，周末大家愿意出去游玩，星期一就会觉得很累，需要休息。

3. 时代一改变，人们的习惯也会跟着改变。

4. 水、运动和正常的饮食。

5. 电话、电子邮件和短信。

6. 说话人最喜欢的通讯方式是短信，因为它比写信方便，比打电话便宜。

第七单元　从善如流

第一题

1. 用功　2. 名次　3. 制定　4. 出差　5. 引用　6. 谦虚

7. 启发　8. 猜测　9. 思维　10. 暗示　11. 似乎　12. 啰嗦

第二题

甲组：参考文献　　　cānkǎo-wénxiàn

乙组：精力充沛　　　jīnglì-chōngpèi

丙组：激烈的竞争　　jīliè de jìngzhēng

丁组：令人羡慕　　　lìngrénxiànmù

戊组：良好的习惯　　liánghǎo de xíguàn

第三题

1. B 我真羡慕你。　　　2. B 直截了当。

3. A 让我看看吧。　　　4. A 一向都是如此，

5. A 这么谦虚啊！　　　6. B 挺不错的呀。

7. A 不要紧，　　　　　8. B 问题是，

9. B 我的建议是，　　　10. B 我的话讲完了。

11. A 听人劝，吃饱饭。　12. B 自我感觉非常良好。

第四题

1. D 不能相信李刚。　　　　2. D 女的觉得文章不太好。

3. B 比较幽默。(你可以有自己不同的见解)

4. A 散步。　　　　　　5. C 水平高的人很多。

6. B 学生对老师的期望。

第五题

1. 女的实际上是 50 岁。

2.
颜色	性格特点
红	积极、乐观
绿	内向
黄	开朗、单纯
黑	活泼
白	坚定

3. 说话人觉得心理学家的观点有一定的道理。对于我们了解自己了解朋友很有启发和帮助。

第八单元　能言善辩

第一题

1. 毫无、纯粹　　2. 保管　　3. 时髦　　4. 搜索　　5. 引进

6. 请教　　　　7. 简称　　8. 辩论　　9. 当中　　10. 双方

11. 地道　　　　12. 约定俗成、惯例、尊重

第二题

甲组：毫无道理　　　háowúdàolǐ

乙组：正当权利　　　zhèngdàng quánlì

丙组：废话连篇　　　fèihuà liánpiān

丁组：糊里糊涂　　　húlihútu

戊组：引进人才　　　yǐnjìn-réncái

第三题

1. A 你怎么了？　　　　　　　2. B 我来介绍一下。

3. A 太搞笑了！　　　　　　4. A 你眼光不错嘛，

5. A 能把你笑死！　　　　　6. B 不骗你。

7. B 这怎么可能呢？　　　　8. A 总得说出点原因吧。

9. B 太阳从西边出来了。　　10. A 再说了，

11. B 您给我举一个简单的例子吧。　　12. A 那我问你，

第四题

1. C 和女的是同学。　　　　2. D 经常帮别人。

3. C 很想了解比赛。　　　　4. D 习惯对人的影响。

5. D 最近很糊涂。　　　　　6. D 没有时间。

第五题

1. 废话就是毫无意义的话，说了跟没说差不多。
   有时候废话会产生幽默的效果，有的人就故意用废话来表现自己的幽默感。

2. 爸爸说的是废话，但是很幽默。

3. 因为说话人觉得辩论可以体现一个人在语言、思维等方面的能力。巧妙的辩论是一种非常高明的艺术，看一场好的辩论赛简直是一种美妙的享受。

4. 要注意三个问题：第一是要有礼貌；第二是观点要有思想，要有深度；第三是要有幽默感。其中最重要的是第三。

第九单元　孤掌难鸣

第一题

1. 再三　　　　2. 构成　　　3. 比喻　　　4. 高中、绘画

5. 头脑敏捷、律师　6. 赞美　　7. 成语　　8. 简直、九牛一毛

9. 悲观、灰心　10. 无比　11. 胃口　12. 接近

第二题

甲组：快乐无比　　　kuàilè-wúbǐ

乙组：无法忘记　　　wúfǎ-wàngjì

丙组：高度评价　　　gāodù-píngjià

丁组：悲观失望　　　bēiguān-shīwàng

戊组：灰心丧气　　　　huīxīn-sàngqì

第三题

1. B 讲多少遍也是白讲。　　　　2. A 你也没办法。

3. A 我简直太笨了!　　　　4. B 我一下子就记住了。

5. B 你应该高兴才对!　　　　6. A 对于我来说，

7. B 理由是，　　　　8. A 比如，

9. A 事实上，　　　　10. A 大家都知道的

11. B 就不是那么回事了。

第四题

1. A 正　B 误　　　2. A 正　B 误　　　3. A 误　B 误

4. A 误　B 正　　　5. A 正　B 误　　　6. A 误　B 正

第五题

1. 年轻人想让自己显得很有才能。

2. 插一支钢笔时，别人说这个小伙子有学问，不是高中生就是初中生。
   插两支钢笔时，别人说这个小伙子真了不起，不是大学生就是编辑。
   插五支钢笔时，别人说这个小伙子大概是个修钢笔的吧?

3. 说话人选择书时有三个原则:一是读必读之书;二是读最好的书;三是读不
   太容易也不太难的书。

4. 说话人读书时有五个习惯:第一是按计划读书;第二是合理利用时间;第三
   是读写结合;第四是读思结合;第五是善于利用工具书。

第十单元　开卷有益

第一题

1. 充实　2. 甚至　3. 偏见　4. 巧妙　5. 本身　6. 评论

7. 引起　8. 限制　9. 语文　10. 相当　11. 命题　12. 显示

第二题

甲组：安排妥当　　　　ānpái-tuǒdàng

乙组：艺术风格　　　　yìshù-fēnggé

丙组：丰富的联想　　fēngfù de liánxiǎng

丁组：毫不犹豫　　　háobùyóuyù

戊组：难以理解　　　nányǐ-lǐjiě

第三题

1. 我个人认为　　　　2. 我个人的看法是

3. 我不太主张　　　　4. 对我来说

5. 我觉得　　　　　　6. 就难说了

7. 我也没有把握　　　8. 这只是我的建议

9. 我的理解是　　　　10. 我不是特别赞成

11. 我理想的状态是　　12. 这种说法很有道理

第四题

1. 现代生活节奏很快，工作上也有巨大的压力，所以保持情绪稳定不容易。

2. 作家从前面几位姑娘的表情中观察出来的。

3. 说话人认为，广告受欢迎的关键是广告词要写得好，写得巧妙。

4. 第一类是真正的人才；第二类是把企业当成自己的家，工作很努力的人；第三类是企业不需要的人。

5. 以前自己对要上的课程毫无选择的余地；现在除了必须上的课程外，还有很多选修课。

6. 正确的态度是不要害怕，也不要紧张，要放松心情，积极地进行自我调节。

第五题

1. 正　　2. 误　　3. 误　　4. 正　　5. 正

6. 误　　7. 误　　8. 误　　9. 正

词 汇 总 表

数字的前边一位或两位指单元数,最后一位指课文数。如31指第三单元课文一,102指第十单元课文二。

(每课生词表已有英文翻译,总表配日文、韩文翻译)

A

爱尔兰	(名)	Ài'ěrlán	31	アイルランド
				아일랜드
按时	(副,乙)	ànshí	62	時間通りに、予定通りに
				제 때에. 제 시간에
暗示	(动,丁)	ànshì	72	暗示する、ほのめかす
				암시하다
熬	(动,丙)	áo	92	我慢する、耐える
				(밤을)지새우다

B

棒	(形,丙)	bàng	11	すばらしい
				좋다, 떡어나다
保存	(动,乙)	bǎocún	62	保存する
				보존하다
保管	(动,丙)	bǎoguǎn	82	保管する
				보관하다
保证	(动、名,乙)	bǎozhèng	52	保証する
				담보하다. 보증하다
保质期	(名,超)	bǎozhìqī	52	賞味期限
				유통기간
报告	(名,乙)	bàogào	42	レポート、報告
				보고서. 리포트

悲观	(形,丙)	bēiguān	92	悲観的である
				비관하다
本来	(形,乙)	běnlái	12	もともと～だ
				본래. 원래
本身	(代,丙)	běnshēn	102	自身、そのもの
				(사물. 물건. 일)그 자체
逼	(动,乙)	bī	62	無理やりに～させる
				몰아 넣다, 핍박하다
比喻	(名,丁)	bǐyù	92	比喩、たとえ
				비유
臂	(名,丁)	bì	42	腕
				팔
编辑	(动、名,丙)	biānjí	91	編集者、編集する
				편집하다 편찬하다
辩论	(动,丙)	biànlùn	81	論争する
				론쟁 (하다)
表情	(名,丙)	biǎoqíng	52	表情
				표정
濒临	(动,超)	bīnlín	62	接近している、瀕する
				……위기에 처하다
播	(动,丙)	bō	51	放送する
				방송하다
博士	(名,丙)	bóshì	72	博士
				박사
博学	(形,超)	bóxué	101	博学である、学識が豊富なこと
				학문이 넓다. 박학하다
不必	(动,丙)	búbì	31	～の必要はない、～でなくてもよい
				……하지 말라……할 필요가 없다
不得了	(形,乙)	bù déliǎo	12	たいしたものである、すばらしい
				대단하다
不可思议	(超)	bùkěsīyì	52	不思議である
				불가사의하다. 상상할 수 없다

不利	（形，丙）	búlì	42	ためにならない、不利だ 해롭다. 좋지 않다
不像话	（丙）	búxiànghuà	102	なっていない、話にならない、あきれた 말이 아니다
不住	（副，乙）	búzhù	72	しきりに、ひっきりなしに 끊임없이

C

猜测	（动，丁）	cāicè	72	推測する 추측하다
裁判	（动、名，丙）	cáipàn	42	審判する、審判員 재판. 심판(하다)
彩票	（名，超）	cǎipiào	41	宝くじ 복권
餐	（动、名，丁）	cān	31	食事、料理、食事をする 먹다. 요리. 식사
惨	（形，丙）	cǎn	41	悲惨である、痛ましい 비참하다.
测验	（名，乙）	cèyàn	52	テスト 시험. 테스트
曾经	（副，乙）	céngjīng	22	かつて、以前 이전에. 일찌기
差别	（名，丙）	chābié	101	格差、区別 차이. 상이점
长处	（名，丁）	chángchù	71	長所、優れた点 장점. 훌륭한 점
场所	（名，丁）	chǎngsuǒ	31	場所 장소
成语	（名，丙）	chéngyǔ	92	成語、熟語、ことわざ 성어. 관용어

充实	（形、动，丙）	chōngshí	102	充実している 풍부하다
抽烟	（超）	chōu yān	31	タバコを吸う 담배를 피우다
出差	（丁）	chū chāi	72	出張する 출장하다.
出色	（形，丁）	chūsè	91	すばらしい 뛰어나다.
重演	（超）	chóng yǎn	91	寸步も進みがたい、動きがとれない 한 걸음도 내디디기 힘들다
出身	（动、名，丙）	chūshèn	72	再演する、同じことを繰り返す (연극 따위에서)재연하다
初步	（形，乙）	chūbù	22	出身 출신
储存	（动，丁）	chǔcún	22	初步段階の 초보적이다
纯粹	（形，丁）	chúncuì	81	保存する 저장하여 두다.
从不	（副，乙）	cóngbù	32	まったく、ただの 완전히. 전적으로
寸步难行	（超）	cùnbù-nánxíng	91	〜したことが一度もない 지금까지……아니하다
挫折	（名，丙）	cuòzhé	42	挫折 좌절하다. 패배. 실패
错误百出	（超）	cuòwù-bǎichū	51	間違いが多い 실수가 많다

D

| 打交道 | （丙） | dǎ jiāodao | 41 | 相手にする、つき合う
상대하다 씨름하다 |

137

大惊小怪	（超）	dàjīng-xiǎoguài	31	なんでもないことに驚いてみせる、つまらないことで大げさに騒ぐ 하찮은 일에 크게 놀라다
大脑	（名，丙）	dànǎo	22	大脑 대뇌
大约	（副，乙）	dàyuē	102	たぶん、おそらく 아마
大自然	（名，丙）	dàzìrán	61	大自然 대자연
呆	（动，乙）	dāi	12	呆然とする 멍하다. 어리둥절하다
呆若木鸡	（超）	dāiruòmùjī	92	木彫りの鶏のようにじっとしている (두려움이나 놀람따위로)얼이 빠져·우두커니 있다
当初	（名，丙）	dāngchū	92	最初、以前 이전. 당초
当时	（名，乙）	dāngshí	42	当時、そのとき 당시. 그때
当中	（名，丙）	dāngzhōng	81	～の中、～の内 그 가운데
导演	（名、动，丙）	dǎoyǎn	22	映画監督 연출자. 감독운수사납다. 재수없다
倒霉	（丙）	dǎo méi	41	運が悪い、不運である 운수사납다. 재수없다
捣乱	（丁）	dǎo luàn	52	邪魔をする 귀찮게 굴다. 장난을 치다
到底	（副，乙）	dàodǐ	31	いったい、つまるところ 도대체

登	（动，乙）	dēng	61	登る
				오르다.
地道	（形，丙）	dìdao	81	本場の
				진짜의，본고장의
电梯	（名，超）	diàntī	51	エレベーター
				엘리베이터
动作	（名，乙）	dòngzuò	42	動作
				동작
独特	（形，丙）	dútè	71	独特である、特有である
				독특하다．특이하다
端	（动，乙）	duān	21	持つ、出す
				나르다.
对方	（名，乙）	duìfāng	12	相手、先方
				상대방．상대편

E

| 而已 | （助，丁） | éryǐ | 52 | ～だけである |
| | | | | ……만……뿐 |

F

发愁	（丁）	fā chóu	91	悩む、困惑する
				근심하다．걱정하다.
发育	（动、名，丙）	fāyù	42	発育（する）
				발육(하다)
烦	（形、动，丙）	fán	51	煩わしい、むかつく
				귀찮다．짜증나다.
反而	（副，丙）	fǎn'ér	81	かえって
				오히려．역으로
反正	（副，乙）	fǎnzhèng	41	いずれにせよ、どうせ
				하여튼．어쨌든
放弃	（动，乙）	fàngqì	52	放棄する、断念する
				포기하다

飞快	(形,丙)	fēikuài	11	飛ぶように速い
				시간이 유수 같다
废话	(名,丙)	fèihuà	81	むだ口、くだらない話
				쓸때 없는 말. 잔소리
费力	(丙)	fèi lì	42	（体力や精力を）費やす
				힘들다. 정력(힘)을 소모하다
风度	(名,丁)	fēngdù	82	風格、態度
				풍격. 풍모
风格	(名,丙)	fēnggé	101	スタイル、風格
				풍격. 품격
讽刺	(动,丙)	fēngcì	32	皮肉を言う
				비꼬다
服装	(名,丁)	fúzhuāng	32	ファッション
				복장. 의상

G

干脆	(形,乙)	gāncuì	52	いっそのこと
				아예. 차라리
感觉	(名,乙)	gǎnjué	11	感覚
				감각. 느낌
感慨	(名,丁)	gǎnkǎi	21	感慨、物事に深く感じること
				감개
杠	(名,超)	gàng	42	鉄棒、平行棒
				철봉
高峰	(名,丙)	gāofēng	61	高い峰、高峰
				고봉. 최고정.
高中	(名,丙)	gāozhōng	91	高等学校
				고등학교
搞笑	(动,超)	gǎoxiào	82	面白い、むどける
				(우스캐 소리 따위로)욱기다
歌曲	(名,丙)	gēqǔ	32	歌曲
				가요

个人	（名，乙）	gèrén	101	私、自身 개인．나자신
功成名就	（超）	gōngchéng-míngjiù	72	功成り名を遂げる 공을 세워 이름을 날리다
沟通	（动，丁）	gōutōng	72	疎通する、交流する 교류하다
构成	（动，乙）	gòuchéng	92	構成する 구성(하다)
古典	（形，丙）	gǔdiǎn	82	古典 고전
古人	（名，丁）	gǔrén	101	古人、昔の人 옛 사람
固定	（动、形，丙）	gùdìng	102	固定する、固定している 고정된．일정한
故意	（形，乙）	gùyì	82	故意に、わざと 고의로．일부러
怪不得	（丙）	guàibude	12	道理で、 그러기에
关键	（名，乙）	guānjiàn	102	肝心な点、キーポイント 관건
惯例	（名，丁）	guànlì	81	慣例 관례
国界	（超）	guójiè	72	国境、国と国の境 국경선

H

海拔	（名，丙）	hǎibá	61	海抜 해발
毫无	（乙）	háowú	81	少しも～していない、いさ さかも～がない 아무런．조금도(전혀)없다

好比	(动,丙)	hǎobǐ	101	まるで～だ、ちょうど～のようだ
				예를 들면……와 같다
好奇	(形,丙)	hàoqí	12	好奇心が強い
				호기심이 많다
胡说	(动,丙)	húshuō	21	でたらめを言う
				터무니 없는 말을 하다
糊涂	(形,乙)	hútu	81	ぼんやりしている、訳が分からなくなる
				어떨떨하다. 어리벙벙하다.
蝴蝶	(名,丙)	húdié	32	チョウチョウ
				나비
花期	(名,超)	huāqī	82	開花期
				꽃나이. 한창때.
话题	(名,丁)	huàtí	32	話題、テーマ
				화제. 토픽
坏处	(名,乙)	huàichu	41	悪いこと
				나쁜 점. 결점. 해로운 점
欢乐	(形,丙)	huānlè	51	楽しみ、喜び
				즐겁다. 유쾌하다
还原	(丁)	huán yuán	62	還元、現状に復する
				소생시키다. 환원하다
黄金	(名,丁)	huángjīn	41	黄金、ゴールド
				황금
黄土	(超)	huángtǔ	41	黄土
				황토. 누런 흙
灰心	(丙)	huī xīn	92	気落ちする、意気消沈する、気が抜けてぽかんとする
				실망하다. 낙심하다.
恢复	(动,乙)	huīfù	22	回復させる
				회복하다.
绘画	(丁)	huìhuà	91	絵画
				회화. 그림을 그리다

| 浑身 | (名,丙) | húnshēn | 41 | 全身
온몸. 전신 |
| 祸 | (名,丁) | huò | 91 | 災い、不幸
화. 재난 |

J

基地	(名,丙)	jīdì	62	ある事業の発展の基礎となる地区 기지
基因	(名,超)	jīyīn	62	遺伝子 유전자
疾病	(名,丙)	jíbìng	22	ほとんど〜 거의
几乎	(副,乙)	jīhū	81	疾病、病気 질병. 병
记得	(动,乙)	jìde	11	覚えている 기억하고 있다
记忆	(名,乙)	jìyì	22	記憶 기억
假期	(名,丙)	jiàqī	11	休暇 방학. 휴가기간
尖	(形,乙)	jiān	51	鋭い 날카롭다. 뾰족하다
简称	(动,丁)	jiǎnchēng	82	略称する 약칭
简直	(副,丙)	jiǎnzhí	92	まるで、まったく 정말. 실로
见解	(名,丙)	jiànjiě	71	見解、考え方 견해. 의견
建造	(动,丙)	jiànzào	62	建築する、建設する 짓다. 세우다. 만들다
健身	(动,超)	jiànshēn	61	身体を健康にする 헬스

奖	(动、名,乙)	jiǎng	41	赏品
狡猾	(形,丙)	jiǎohuá	32	교활하다. 간사하다 狡猾である、ずる賢い
教练	(名,丙)	jiàoliàn	12	코치. コーチ、トレーナー
接近	(动,乙)	jiējìn	92	가까이하다. 친하다 接近する、近づく
接受	(动,乙)	jiēshòu	32	받아 들이다. 접수하다. 受け入れる
揭	(动,丙)	jiē	22	폭론하다, 들추어띠다 明らかにする
解说	(动,超)	jiěshuō	51	해설하다. 설명하다. 解説する
金融	(丁)	jīnróng	41	금융 金融
津津有味	(丁)	jīnjīn-yǒuwèi	21	매우 앗있다 たいへんうまそうに
仅	(副,乙)	jǐn	52	다만. 단지 ただ〜だけ
禁止	(动,乙)	jīnzhǐ	31	금지(하다) 禁止する
精力	(名,乙)	jīnglì	71	정력 精力、気力
精神	(形、名,丙)	jīngshen	52	기운. 活力、元気、活気
净	(副,丙)	jìng	41	모두.온통. 〜ばかり、全部
竞争	(动、名,丙)	jìngzhēng	72	경쟁(하다) 競争、競り合う
静音	(名,超)	jìngyīn	51	경쟁(하다) ミュート、音を消す

입을 다물다.

九牛一毛	（超）	jiǔniú-yìmáo	92	多くのうちの微々たる部分
				많은 가운데 극히 적은 부분.
				(구우일모)
就是说	（丙）	jiùshì shuō	81	それはつまり、言い換えれば
				다시 말하면. 즉 바꿔 말하면
居然	（副，丙）	jūrán	91	意外にも、はからずも
				뜻밖에. 생각밖에.
局	（名、量，丙）	jú	12	（試合の）セット、ゲーム
				세트.
具有	（动，乙）	jùyǒu	51	具有する、備える
				구비하다. 가지다

K

开发	（动，丙）	kāifā	22	開発する
				개발하다
开心	（形，丁）	kāixīn	41	愉快である、楽しい
				놀리다
考古	（丁）	kǎogǔ	41	考古
				고고하다. 고고학
靠	（动，乙）	kào	11	頼る、依存する
				의지하다. 의거하다
可惜	（形，丙）	kěxī	12	惜しい
				아깝다. 아쉽다
肯	（助动，乙）	kěn	11	すすんで～する
				기꺼이……(하려)하다
肯定	（形，乙）	kěndìng	21	間違いなく、疑いなく
				틀림없다. 확정적이다
口袋	（名，乙）	kǒudài	82	袋
				호주머니
宽广	（形，丁）	kuānguǎng	101	広い
				넓다

| 困 | （形、动，乙） | kùn | 51 | 眠い、眠がる |
| | | | | 졸리다 |

L

牢	（形，丙）	láo	102	堅固である、しっかりしている
				확실히
老鼠	（名，丁）	lǎoshǔ	21	ネズミ
				쥐
类似	（形，丙）	lèisì	101	似通う
				유사. 비슷하다
冷冻	（动，超）	lěngdòng	62	冷凍する
				냉동(하다)
连	（副，乙）	lián	12	さえ
				연거푸. 연이어
联想	（动，丁）	liánxiǎng	102	連想する
				연상(하다)
恋人	（名，超）	liànrén	52	恋人
				연인. 애인
良好	（形，乙）	liánghǎo	71	よい、好ましい
				양호하다. 좋다
靓	（形，超）	liàng	92	美しい
				아름답다. 예쁘다
列举	（动，丁）	lièjǔ	62	列挙する、並べ上げる
				열거하다
领先	（动，丁）	lǐngxiān	12	リードする
				앞서다
律师	（名，丁）	lǜshī	91	弁護士
				변호사
啰嗦	（形，丁）	luōsuo	71	（言葉が）くどい
				장황하다, 말이 많다
逻辑	（名，丙）	luóji	71	論理、ロジック
				논리

骆驼	（名，丙）	luòtuo	62	ラクダ
				낙타
落后	（形，乙）	luòhòu		後れを取る
				낙오하다. 뒤떨어지다

M

瞒	（动，丙）	mán	21	（真実を）隠す
				감추다. 속이다
没错儿	（乙）	méicuòr	31	間違いない、その通り
				틀림없다. 분명하다. 옳다. 맞다
玫瑰	（名，丁）	méigui	21	バラ
				장미
秘密	（名，乙）	mìmì	22	秘密、本質
				비밀
描写	（动，乙）	miáoxiě	32	描写する
				묘사(하다)
渺小	（形，丁）	miǎoxiǎo	61	ちっぽけである
				보잘것 없다
灭绝	（超）	mièjué	62	完全に消滅する、全滅する
				멸절하다. 멸종하다
敏捷	（形，丙）	mǐnjié	92	敏感である、すばしこい
				민첩하다
名次	（名，丁）	míngcì	72	順位、順序
				순위
明明	（副，丙）	míngmíng	31	明らかに、まぎれもなく
				분명히. 명백히
明显	（形，乙）	míngxiǎn	42	明らかである
				뚜렷하다.
命题	（丁）	mìng tí	102	題目を出す、題目を与える
				명제. 과제. 제목을 내다
命运	（名，乙）	mìngyùn	91	運命
				운명

磨灭	（动，超）	mómiè	102	すり減る、消え去る
				지우다
墨镜	（名，超）	mòjìng	22	サングラス
				선글라스.

N

拿……来说（丙）	ná… láishuō	91	～を例にとると
			（……에 ）대하여 말한다.
			（……을 두고）말한다
难得	（形，丙）	nándé	51	得難い
				드물다.구하기 힘들다
难以	（副，丙）	nányǐ	102	なかなか～しがたい、～す
				るのが難しい
				……하기 어렵다
挪威	（名）	Nuówēi	31	ノルウェー
				노르웨이

O

| 偶尔 | （副，丙） | ǒu'ěr | 102 | たまに、ときどき |
| | | | | 간혹. 이따금 |

P

排	（动，乙）	pái	41	並ぶ
				순위에 놓이다
排行榜	（名，超）	páihángbǎng	41	人気ランキング
				랭킹
攀登	（动，丙）	pāndēng	61	よじ登る
				등반하다. 오르다
培养	（动，丙）	péiyǎng	32	養成する、育成する
				양성하다. 키우다
偏见	（名，丁）	piānjiàn	101	偏見、偏った考え
				편견

偏偏	（副，丙）	piānpiān	91	あくまで、どうしても 하필.
骗子	（名，超）	piànzi	82	ペテン師、詐欺師 사기꾼
飘	（动，乙）	piāo	32	ひらひらと漂う 흩날리다
平等	（形、名，乙）	píngděng	82	平等、平等である、対等、 対等である 평등(하다)
评论	（动、名，丙）	pínglùn	101	評論、評論する 평론(하다)
平坦	（形，丁）	píngtǎn	62	（地勢が）平らである 평탄하다
评价	（动、名，丙）	píngjià	91	評価、評価する 평가(하다)
评语	（名，超）	píngyǔ	32	評語、評言 평어
凭	（动，丙）	píng	31	任せる ……에 따르다

Q

期望值	（名，超）	qīwàngzhí	71	期待の度合い 기대치
其实	（副，丙）	qíshí	11	実際には、実際のところ 사실은
启发	（动、名，乙）	qǐfā	72	啓発、啓発する 계발(하다). 깨우쳐 주다
起点	（名，丁）	qǐdiǎn	72	起点、始まり 기점.출발점
恰好	（副，丙）	qiàhǎo	91	ちょうど、折よく 마침.

谦虚	（形，丙）	qiānxū	72	謙虚である、おごり高ぶらない、 겸허하다. 겸손하다
强盗	（名，乙）	qiángdào	82	強盗 강도
强烈	（形，乙）	qiángliè	12	極めて強い、強烈である 강렬하다
巧妙	（形，乙）	qiǎomiào	102	巧妙である、巧みである 교묘하다
清晰	（形，丙）	qīngxī	71	はっきりしている、明晰である 뚜렷,분명하다
情节	（名，丁）	qíngjié	101	（小説などの）筋、プロット (작품의) 줄거리
情人节	（名，超）	Qíngrén Jié	21	バレンタインデー 발렌타인 데이
请教	（动，丙）	qǐngjiào	81	教えを請う、教えてもらう 물어보다. 가르침을 청하다
请客	（乙）	qǐng kè	81	ご馳走をする、おごる 한턱 내다
区域	（名，丙）	qūyù	22	区域、部分 구역.
圈子	（名，丙）	quānzi	52	（集団や活動の）範囲、枠 테두리
全面	（形，乙）	quánmiàn	31	全面的に 전면적이다. 전반적이다
全新	（形，超）	quánxīn	42	斬新である (아주)새롭다
权利	（名，丙）	quánlì	82	権利 권리
群山	（名，超）	qúnshān	61	群山、連山 군산. 많은 산. 뭇산

R

惹	(动，乙)	rě	91	（よくないことを）引き起こす 일으키다
热点	(名，超)	rèdiǎn	82	（大勢の人々の注目を集める場所や事柄）関心事、人気スポット、争点 핫이슈
人才	(名，乙)	réncái	102	人材 인재
人定胜天	(超)	réndìngshèngtiān	61	人の力は必ず自然を克服することができる 사람의 노력은 대자연을 이긴다 (노력하면 못 할 일이 없다)
人家	(代，丙)	rénjia	31	他人 남. 다른 사람
人生	(名，丁)	rénshēng	101	人生 인생
认可	(动，丁)	rènkě	42	認可する、許可する 허락하다. 인가하다. 인정을 받다
如此	(代，丙)	rúcǐ	71	このように、そのように 이와 같다. 이러하다

S

| 山顶 | (名，超) | shāndǐng | 61 | 山頂
산정. 산 꼭대기 |
| 山外有山 | (超) | shānwàiyǒushān | 72 | 山の後ろにはまた山がある（上には上がいるという意味）
산밖에 산이 있다(기는 놈 위에 나는 놈이 있다) |

善于	(动,乙)	shànyú	52	～が得意である ……를 잘하다
伤心	(乙)	shāng xīn	71	悲しむ、悔しい 상심하다
上网	(超)	shàng wǎng	21	インターネットに接続する 인터넷을 하다
深度	(名,丙)	shēndù	82	（認識などの）深さ、深み 심도. 깊이
深山老林	(超)	shēnshān-lǎolín	62	深い山と原始林、人間が足を 踏み入れない所 심산의 울창한 늪
深夜	(名,丙)	shēnyè	51	深夜 심야. 깊은 밤
神秘	(形,丙)	shénmì	22	神秘的である 신비하다
甚至	(副、连,丙)	shènzhì	101	～さえ、甚だしきに至っては 심지어
升	(动,乙)	shēng	61	昇る (해가)뜨다.
生动	(形,乙)	shēngdòng	92	生き生きとしている 생동감 있다
生涯	(名,超)	shēngyá	42	生涯 생애. 일생
诗歌	(名,丁)	shīgē	71	詩歌 시가. 시
诗人	(名,丙)	shīrén	32	詩人 시인
时好时坏	(超)	shíhǎo-shíhuài	12	良かったり悪かったり (상태가)불안정하다
时髦	(形,丁)	shímáo	82	流行している 유행이다

实际	(形,乙)	shíjì	32	実際の、現実的な 현실적이다. 실제적이다
始终	(副,乙)	shǐzhōng	11	終始 처음부터 끝까지
市民	(名,丁)	shìmín	61	市民 시민
视野	(名,丁)	shìyě	101	視野 시야
守	(动,丙)	shǒu	51	守る 지키다. 수비하다
书籍	(名,丙)	shūjí	101	書籍、本 서적. 책
帅	(形,丁)	shuài	92	格好いい 영준하다. 멋지다
双方	(名,乙)	shuāngfāng	82	双方 쌍방
说法	(名,丙)	shuōfǎ	82	言い方、見解 표현(법)
思考	(动,丙)	sīkǎo	82	思考する、考える 사고하다. 사색하다
思维	(名,丙)	sīwéi	72	思惟、思考 사유
似乎	(副,乙)	sìhū	72	～らしい、～のようである 마치 (……인 것 같다)
搜	(动,丁)	sōu	41	捜す、調べる 검색하다. 찾다
搜索	(动,丁)	sōusuǒ	82	検索する 검색하다
算了	(乙)	suànle	21	やめにする、もうよそう 그만두자. 됐다
随意	(形,丁)	suíyì	101	思いのままに、気の向くままに 생각(마음)대로 하다

T

谈论	(动,丙)	tánlùn	32	議論する 담론하다. 논의하다
提神	(超)	tí shén	52	元気を回復させる、興奮させる 기운을 내다. 정신을 차리다
体操	(名,丙)	tǐcāo	42	体操 체조
体现	(名,丙)	tǐxiàn	82	体現する、具体的に表す 구현하다. 체현하다
体重	(名,丁)	tǐzhòng	51	体重 체중
天地	(名,丁)	tiāndì	61	天と地 천지. 하늘과 땅
天壤之别	(超)	tiānrǎng-zhībié	41	天と地の差、雲泥の差 하늘과 땅사이. 천지간. (차이가 대단히 심함)
天真	(形,乙)	tiānzhēn	31	(頭が)単純である 유치하다. 단순하다
甜言蜜语	(超)	tiányán-mìyǔ	92	人の歓心を買うためのうまい言葉、甘い言葉 달콤한 말
挑战	(名,丁)	tiǎozhàn	72	挑戦 도전
偷偷	(副,乙)	tōutōu	42	こっそり、人に知られないように 남몰래
头脑	(名,丙)	tóunǎo	92	頭脳 두뇌
透露	(动,超)	tòulù	102	現す、現れる 드러나다. 시사하다
退休	(动,丙)	tuìxiū	91	退職する、定年になる 퇴직하다

退役	（超）	tuì yì	42	現役を退く
				제대하다. 퇴역하다
妥当	（形，丙）	tuǒdang	102	妥当である、適切である
				알 맞다. 적당하다

W

万能	（形，超）	wànnéng	62	万能である
				만능이다
网	（名，超）	wǎng	21	インターネット
				인터넷
危机	（名，乙）	wēijī	52	危機、ピンチ
				위기
为难	（动，丙）	wéinán	81	（人を）困らせる、意地悪
				をする
				난처하다. 딱하다
尾巴	（名，乙）	wěiba	62	補足
				꼬리
委屈	（动、形，丙）	wěiqū	42	やりきれない、くやしい
				억울하다.
味道	（名，乙）	wèidao	31	におい
				냄새
畏惧	（动，丁）	wèijù	61	恐れる、恐れる
				무서워하다. 두려워하다
胃口	（名，丁）	wèikǒu	91	食欲、胃の具合
				식욕. 구미. 밥맛
文献	（名，丁）	wénxiàn	72	文献
				문헌
稳定	（形，乙）	wěndìng	12	落ち着いている
				정서가 안정되다
无比	（形，丙）	wúbǐ	92	無比である、比べるものが
				ない
				아주 뛰어나다

无法	（丙）	wúfǎ	92	～する方法がない、～するすべがない （……할）방법이 없다……할 수 없다
无聊	（形，丁）	wúliáo	21	（言葉や行為が）くだらない 무료하다. 따분하다.
无论如何	（丙）	wúlùn-rúhé	21	どんなことがあっても、いずれにしても 어쨌든. 어떻게 하여도
无知	（形，丁）	wúzhī	42	無知である 사리에 어둡다
误解	（动，丁）	wùjiě	12	誤解する 오해하다

X

溪流	（名，超）	xīliú	62	渓流 시냇물
习惯成自然	（超）	xíguàn chéng zìrán	81	慣れると当たり前のことになる 습관이 천성처럼 되어버리다
喜爱	（动，丙）	xǐ'ài	61	好きである、愛好する 애호하다. 좋아하다
系统	（形，乙）	xìtǒng	101	系統的である 체계적이다.
细胞	（名，丙）	xìbāo	62	細胞 세포
闲	（形，乙）	xián	21	暇である 한가하다
嫌	（动，丙）	xián	71	嫌う、不満である 불만스럽게 생각하다. 꺼리다
显示	（动，丙）	xiǎnshì	102	はっきり示す、顕示する 뚜렷하게 나타내 보이다

限制	（动、名，乙）	xiànzhì	102	制限、制限する
				제한하다
羡慕	（动，乙）	xiànmù	71	うらやむ
				부러워하다
相当	（形，乙）	xiāngdāng	102	相当、かなり
				상당히. 무척
相当于	（超）	xiāngdāngyú	61	相当する
				대등하다. 엇비슷하다
享有	（动，丁）	xiǎngyǒu	82	（権利などを）有している、享
				有している
				향유하다
想像	（动，乙）	xiǎngxiàng	32	想像する
				상상하다
斜风细雨	（超）	xiéfēng xìyǔ	11	風が斜めから吹き、細かい雨が
				降っている
				부드러운 바람과 보슬비
写作	（动，丙）	xiězuò	91	文章を書く、創作する
				창작하다
心理	（名，丙）	xīnlǐ	52	心理
				심리
形象	（形，乙）	xíngxiàng	92	イメージが豊かである
				형상적이다
袖子	（名，丁）	xiùzi	42	袖
				소매
学期	（名，乙）	xuéqī	11	学期
				학기
学者	（名，丙）	xuézhě	101	学者
				학자
循序渐进	（丁）	xúnxùjiànjìn	101	（学習、仕事などを）順を追っ
				て一歩一歩進める
				점차적으로 심화시키다

Y

烟草	（名，丁）	yāncǎo	31	タバコ 연초. 담배
烟民	（名，超）	yānmín	31	タバコをたくさん吸う人 담배를 피우는 사람
严重	（形，乙）	yánzhòng	62	厳しい、厳重である 심각하다
眼光	（名，丙）	yǎnguāng	11	まなざし 시선, 눈길
养	（动，乙）	yǎng	21	飼う 기르다
腰	（名，乙）	yāo	42	腰 허리
咬	（动，乙）	yǎo	21	噛む 물다
药物	（名，丙）	yàowù	22	薬物 약품
要不	（连，丙）	yàobù	32	でなければ 아니. 아니다 그러지 않으면
要不然	（连，丙）	yàoburán	41	さもなければ 그렇지 않으면
要说	（连，超）	yàoshuō	21	もし〜と言うならば 에대해말하자연
野	（形，丁）	yě	62	（動植物について）野生の 야생의
野生	（形，丁）	yěshēng	62	野生の 야생
一律	（形，丁）	yílǜ	51	すべて、一律に 일률 걱이다
一瞬间	（名，超）	yíshùnjiān	61	一瞬の間、瞬く間 일순간

一向	（副，丙）	yíxiàng	71	以前から、これまでずっと 본래. 원래
一阵	（名，丙）	yízhèn	101	しばらくの間 한참동안
意大利	（名）	Yìdàlì	32	イタリア 이탈리아
引进	（动，丙）	yǐnjìn	82	導入する 끌이플이다
引起	（动，乙）	yǐnqǐ	102	引き起こす 일으키다
引用	（动，丁）	yǐnyòng	72	引用する 인용(하다)
饮	（动、名，丁）	yǐn	31	飲み物、飲む 마시다. 마실 것
鹰	（名，丁）	yīng	62	タカ 매
迎接	（动，乙）	yíngjiē	61	迎える 맞이하다
影子	（名，乙）	yǐngzi	41	影 그림자
用功	（形，乙）	yònggōng	71	勉学に励む、勤勉である 노력하다
用心	（丙）	yòng xīn	91	気を配る、気をつける 주의력을 집중하다 전념하다
幽默	（形，丁）	yōumò	51	ユーモアな 유머러스하다
悠闲	（形，超）	yōuxián	11	のんびりと 유유하다
有待	（动，丁）	yǒudài	71	待たなければならない ……할 필요가 있다
有的是	（动，乙）	yǒudeshì	71	たくさんいる 얼마든지 있다. 많다

有效	（形，乙）	yǒuxiào	22	有効な、効き目がある
				효과가 있다
娱乐	（动、名，丙）	yúlè	51	娯楽
				즐겁게 하다. 레크리에이션.
				오락
羽毛球	（名，乙）	yǔmáoqiú	12	バドミントン
				배드민턴
语录	（名，超）	yǔlù	51	語録
				어록
语文	（名，丙）	yǔwén	102	国語
				국어
语言学家	（名，超）	yǔyánxuéjiā	81	言語学者
				언어학자
冤枉	（动，丙）	yuānwang	11	濡れ衣を着せる
				억울한 누명을 씌우다
院长	（名，乙）	yuànzhǎng	72	「～院」の称を有する公的機関の最高責任者
				원장
约定俗成	（超）	yuēdìngsúchéng	81	広範な大衆の長期にわたる実践を通じて一種の約束のように広く社会的に認められること
				사물의 명칭또는 사회관습이 오랜 세월을 걸쳐 일반화되어 인정되다.v
运气	（名，丙）	yùnqi	52	運
				운수, 운세

Z

| 再三 | （副，丙） | zàisān | 91 | 再三、繰り返し、何度も |
| | | | | 여러번. 재삼 |

再说	（连，丙）	zàishuō	31	その上、それに 게다가
在于	（动，丙）	zàiyú	102	～にある、～による ……에 달려 있다
赞成	（动，乙）	zànchéng	51	賛成する、同意する 찬성하다
赞美	（动，丙）	zànměi	91	賛美する、ほめたたえる 찬미하다
赞同	（动，丁）	zàntóng	92	賛同する 찬동하다
早晚	（副，丙）	zǎowǎn	92	遅かれ早かれ、いずれ 조만간
摘	（动，乙）	zhāi	71	摘み取る、とる 벗다
战败	（动，超）	zhànbài	81	（敵を）打ち負かす 패전하다
战胜	（动，乙）	zhànshèng	81	打ち勝つ、勝利を収める 전승하다
照样	（副，丙）	zhàoyàng	52	相変わらず、いつものように 여전히
真是	（丙）	zhēnshì	12	本当に 정말. 참으로
争	（动，乙）	zhēng	31	口論する、言い争う 다투다. 논쟁하다
整天	（名，丁）	zhěngtiān	41	一日中、終日 온종일
正好	（形，乙）	zhènghǎo	32	（時間が）ちょうど 때 마침
之外	（丙）	zhīwài	41	～以外に 외
执著	（形，超）	zhízhuó	52	執着する、固執する 집착하다

直截了当	（超）	zhíjié-liǎodàng	72	（言動などが）きっぱりしている、単刀直入である、まわりくどくない
				직설적이다
指出	（动，乙）	zhǐchū	62	指し示す
				지적하다
至少	（副，乙）	zhìshǎo	101	少なくとも
				적어도．최소한
至于	（连，丙）	zhìyú	82	～ほどの状態になる、～のようなことになる
				……의 정도에 이르다
制定	（动，乙）	zhìdìng	72	（計画などを）制定する、世う．제정하다
治疗	（动，丙）	zhìliáo	22	治療する
				치료하다
中	（动，丙）	zhòng	41	当たる
				당첨되다
主持	（动，丙）	zhǔchí	51	主宰をする、司会をする
				사회하다
主张	（动，乙）	zhǔzhāng	101	主張する、見解をもつ
				주장하다
著作	（名，乙）	zhùzuò	101	著作
				저작
专门	（形，乙）	zhuānmén	22	専門の、特に
				전문적으로
转变	（动，乙）	zhuǎnbiàn	61	転換する、変わる
				전변하다
赚	（动，丙）	zhuàn	51	儲かる
				(돈을)벌다
装修	（动，超）	zhuāngxiū	12	内装、外装を施す
				인테리어하다．장식하다

装作	(动, 超)	zhuāngzuò	52	〜のように装う
				……한 체하다
状态	(名, 乙)	zhuàngtài	12	状態
				상태
追	(动, 乙)	zhuī	12	追う、追いかける
				따라 잡다
准确	(形, 乙)	zhǔnquè	32	正確である
				정확하다
捉	(动, 乙)	zhuō	21	捕らえる
				잡다
自豪	(形, 丙)	zìháo	61	自分の誇りとする、誇りに
				感じる
				자부심을 가지다
自愿	(动、连, 丙)	zìyuàn	31	自由意志でする
				자원하다
自知之明	(超)	zìzhīzhīmíng	71	自分の限界を認識できる
				だけの聡明さ、身の程をわ
				きまえていること
				자기능력을 정확히 알다
总得	(助动, 丙)	zǒngděi	81	どうしても〜しなければ
				ならない
				아무튼(어쨌든)……해야
				한다
总的来说	(丁)	zǒngdeláishuō	71	総じて言えば
				총괄하여 말하다
总数	(名, 丁)	zǒngshù	62	総数
				총수
钻研	(动, 乙)	zuānyán	81	研鑽する
				깊이 연구하다
嘴皮子	(名, 超)	zuǐpízi	51	口がうまい
				말솜씨

尊重	(动,丙)	zūnzhòng	81	尊重する
				존중하다
琢磨	(动,丁)	zuómo	82	よく考える、試案する
				생각하다
作息	(超)	zuòxī	52	勤務と休憩
				일과 휴식